Nascido em Paris, Jean Boisselier tem doutorado em letras e estudos indianos, e é doutor *honoris causa* da Universidade Silpakorn, de Bangcoc. Ex-membro da Escola Francesa do Extremo Oriente e curador do museu de Pnom-Penh, de 1950 a 1955, Boisselier foi também responsável pelos trabalhos científicos de restauração de Angkor de 1953 a 1955. Especialista em arte, arqueologia e estudos sobre o budismo da Índia, do Sri Lanka e do Sudeste da Ásia, autor de numerosas obras, realizou freqüentes expedições arqueológicas (Camboja, Vietnã, Sri Lanka e sobretudo Tailândia).

B684s

Boisselier, Jean
A sabedoria do Buda / Jean Boisselier. – Rio de Janeiro: Objetiva, 2002

192 p.: ilustr.: 17,5 x 12,5cm. – (Descobertas)
ISBN 85-7302-356-2

Tradução de: *La sagesse du Bouddha*

1. Budismo. 2. Sidharta Guatama. 3. Buda. I. Série.
II. Título

CDD 294.3

A SABEDORIA DO BUDA

Jean Boisselier

Tradução
Ana Deiró

DESCOBRIMENTOS GALLIMARD
RELIGIÃO

Os séculos VI e V antes de Cristo, durante os quais surgiram o Buda e sua religião, foram um período de intensa atividade intelectual para o conjunto das regiões que se estende da Grécia à China. Na Índia, esta efervescência começou bem mais cedo: desde o princípio do II milênio, as especulações sobre a ordem cósmica, o autoconhecimento e o futuro dos seres sobressaem, impondo-se sobre qualquer outra consideração.

CAPÍTULO PRIMEIRO
A ÍNDIA NA ÉPOCA DO BUDA

Situado no Himalaia, o lago mítico Anavatapta é considerado como a origem dos quatro rios que banham as regiões povoadas, respectivamente, por leões, touros, cavalos e elefantes. Ele será o último a desaparecer e o primeiro a reaparecer, quando o mundo, uma vez destruído, renascerá. O rio fluindo rumo ao sul é o Ganges, que banha o subcontinente indiano.

Imagem clássica (à direita) do mito vishnuísta da criação do Universo. Durante a noite que separa as duas criações, Vishnu repousa sobre a serpente de mil cabeças flutuando sobre as águas cósmicas. Guardião do cosmos, ao longo de sua meditação sobre o mundo, irradiou de seu umbigo um lótus de ouro, de onde surgiu Brahma, que criou o novo universo.

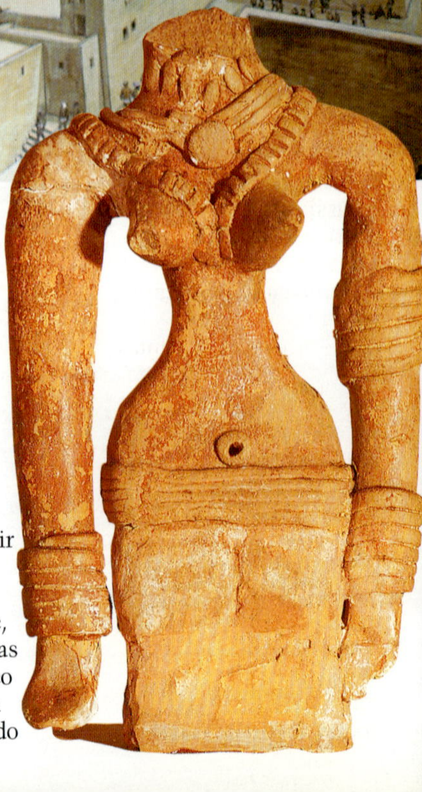

É impossível conceber um movimento espiritual isolado no tempo e no espaço. Desse modo, não se pode falar de Buda e do budismo primitivo sem examinar a estrutura social e religiosa da Índia dessa época.

A Índia antes do século VI a.C.

A despeito da antiguidade e da importância de suas culturas pré e proto-históricas, o pensamento e a sociedade do subcontinente indiano foram moldados essencialmente a partir do II milênio antes de Cristo, pelas contribuições dos conquistadores arianos. Progredindo de oeste para leste, essas populações, sem dúvida originárias dos confins do Cáucaso e do Mediterrâneo oriental, inicialmente instalaram-se na bacia do Indus, aprisionando, escravizando

ou assimilando os aborígines. Alcançaram a bacia do Ganges por volta do princípio do I milênio a.C. e ali fundaram diversos reinos, cujas lutas alimentariam a antiga literatura épica da Índia.

A cultura dos árias é baseada nos *Veda* — o Saber —, conjunto de textos sagrados considerados como revelações, complementados por comentários sobre a tradição. A sociedade é dividida em quatro castas, sistema especificamente indiano, hierarquizado, que seria mantido até 1949. As três primeiras dessas castas, propriamente ditas árias, seriam de origem indo-iraniana e correspondem a uma concepção corporativista da sociedade: são os sacerdotes ou brâmanes, os nobres guerreiros ou *kshatriya*, a gente do

A civilização do Indus, a mais antiga do subcontinente indiano, caracteriza o Paquistão, mas também o Afeganistão meridional e as províncias indianas do Punjab, Rajistão e do Gujart. Ela comporta três fases: a pré-indusiana (do IV milênio a aproximadamente 2300 a.C.), a indusiana

(de 2300 a 1750 a.C.) e a pós-indusiana (de 1750 a 1000 a.C.). Até hoje ainda não se sabe se seu brutal desaparecimento deve ser atribuído a um declínio natural ou aos efeitos da invasão ariana. Inquestionavelmente relacionada com a Mesopotâmia, esta civilização é conhecida principalmente por suas estruturas de organização urbanas, defensivas e comerciais (complexos portuários e de docas), e viárias. Nenhuma construção religiosa foi encontrada e a cerâmica, abundante e original, de figuras modeladas, ou, mais raramente, esculpidas, não revela qualquer indício neste domínio, apesar de seu interesse. Os sinetes com inscrições enigmáticas e ornados com figuras de animais também não oferecem maiores informações.

povo comum ou *vaiçya*, agricultores ou pastores. A última, a dos servidores ou *çudra*, é constituída pelos autóctones e por membros rebaixados das três primeiras castas.

Crenças védicas: o brâmane e o atman

A religião é a ocupação dos brâmanes; ritualista, ela é fundamentada sobre o sacrifício e inclui preces e oferendas, o fogo sagrado garantindo o contato entre o oficiante e a divindade. Como na Grécia antiga, os deuses do vedismo intervêm nos assuntos humanos. Em número de 33, tendo por chefe Indra, o deus guerreiro, são divindades astrais, atmosféricas, terrestres e os fundamentos do sacrifício (o fogo e o licor das oblações).

Agni, divindade védica do fogo, de duas cabeças, é apresentada à esquerda, em companhia de sua montaria, o carneiro. À direita, Indra, deus preeminente do vedismo, guerreiro, "senhor da energia", cuja arma é o raio, pratica magia; ele também é conhecido por sua lascívia e por sua tendência para se embebedar. Com freqüência, dotado de um olho na fronte, por vezes mostra, como aqui, um milhar de olhos. No budismo, Indra será devoto servidor de Buda. Abaixo, um brâmane se dispõe a cumprir a *puja*, isto é um ato de adoração da divindade, correspondendo ao sacrifício védico, com a aspersão do ídolo, as oferendas e homenagens apropriadas.

Entre os futuros grandes deuses do hinduísmo afirma-se já inicialmente a importância de Brahma (ou melhor, Brahman). Impessoal, ele representa o Universo, o Verbo com o qual a alma individual, o *atman*, se esforça para se identificar. As relações com os deuses se restringem à súplica, sem ações de graça; essas relações se estabelecem através da prece e, sobretudo, pelo sacrifício que assegura a ligação entre o profano e o sagrado, o sacerdote agindo ora como representante das divindades em questão, ora como mandatário daquele que oferece o sacrifício.

A emergência do bramanismo

Quando os arianos alcançaram a bacia do Ganges, possivelmente em virtude de seus contatos com as culturas locais, as especulações védicas evoluíram em direção ao bramanismo, "conjunto de conceitos religiosos e sociais definidos e dirigidos pelos brâmanes, constituídos como corpo sacerdotal" (E. Lamotte). A sociedade e as instituições são governadas pelas regras fornecidas pelos

Veda, cujo conjunto constitui o *dharma,* a ordem, a lei que determina todas as coisas.

Os brâmanes, ainda que mantendo o ritual e os sacrifícios védicos, definem as crenças religiosas e integram ao panteão védico — essencialmente preservado, mas modificado em sua hierarquia — deuses que por vezes eram objetos de cultos locais. Em primeira posição figuram, a partir desse momento, Vishnu e seus múltiplos "descendentes" (os *avatara*), Shiva sob seus diversos aspectos e Brahma, com freqüência colocado no mesmo plano. Mas também aparecem deuses do solo, gênios e demônios servidores ou inimigos dos deuses, seres fabulosos tais como os Naga, metade homem, metade serpente e guardiães das riquezas, os Gandharva, músicos celestes de busto humano e corpo de cavalo ou de pássaro, os Yaksha, assistentes do deus das riquezas Kubera, os Rakshasa, seus homólogos a serviço dos Asura, inimigos dos deuses e seres inquietantes, espectros ou larvas.

Incorporado à arte budística do século II a.C., o personagem alado, ao lado, encarregado das oferendas e apresentado em postura de vôo, sem dúvida representa um gênio dos ares ou algum "portador de ciência" favorável aos seres humanos.

O Naga (página à esquerda, no alto) ser metade homem, metade serpente, geralmente habita as águas; ele guarda os tesouros e as riquezas. A arte khmeriana lhe atribuiu um papel importante e aproveitou-se de seu aspecto animal de forma muito decorativa.

Os não-conformistas do século VI a.C.

Mais ou menos à margem dessas orientações, numerosos sábios, brâmanes ou não, investigam a via que lhes permitiria solucionar o problema da

O Brahma (página à esquerda), nos templos khmer da primeira metade do século X, é muito mais aquele que enunciou os quatro Veda, que o deus criador. Segundo a concepção shivaísta da Trindade Brahma-Shiva-Vishnu, na qual Shiva, o supremo ocupa o centro, ele era considerado como tendo saído da parte direita de Shiva, enquanto Vishnu como tendo saído da esquerda. Podemos ver também este último, na ilustração ao lado, deitado sobre a serpente Ananta.

existência. Abandonando o mundo, eles são os "renunciantes", com freqüência solitários, monges errantes e mendigos itinerantes. Tendo como única meta a busca de seu próprio progresso psíquico e o domínio sobre si, muitos praticam o ascetismo. Esta disciplina muito antiga já assinalada por alguns textos védicos, possivelmente de origem autóctone, tende a assegurar o controle sobre as funções e as exigências vitais com o objetivo de adquirir, nos planos de vida brâmane, forças sobrenaturais, o aquecimento interno (o *tapas*) e o êxtase. Outros, como os dois mestres escolhidos pelo futuro Buda, praticam o ioga, que também conduz ao domínio espiritual e à eliminação de obstáculos exteriores, a partir de exercícios que garantem o domínio sobre o corpo e de meditações sem orientação religiosa particular. Certos sábios, finalmente, chegam a negar qualquer verdade moral ou mesmo a desenvolver teses materialistas. Uma outra doutrina à margem da religião, o Samkhya ("enumeração") é uma exposição analítica das 25 realidades constitutivas de todas as coisas, sendo a primeira a Natureza (*prakriti*) e a última o Homem, entidade espiritual (*purusha*). Contudo, além do fato de o caráter corrente da maioria desses fundamentos no pensamento indiano explicar que encontremos alguns de seus ecos no budismo, convém observar que a escola de pensamento Samkhya se desenvolveu sobretudo na época clássica, bem depois do início da era cristã.

Ao contrário dos monges budistas, de vestes de cor ocre ou amarela e cabeça inteiramente raspada, os "renunciantes", quarto estágio da vida de eremita, mantêm os cabelos penteados em coque e a barba (alto da página). A arte de Mahabalipuram, nas proximidades de Madras, no século VII (à esquerda), se distingue por uma grande suavidade que indica a ascendência moral do asceta.

O destino dos seres

Desde o vedismo, a idéia de uma morte dos seres seguida de seu renascimento, indiscutivelmente nascida do encontro entre as concepções animistas e a constatação da evolução cíclica dos fatos naturais e dos ritmos sazonais, apareceu como sendo inevitável. Ela se resume na doutrina do *samsara*, a migração circular sem fim. O renascimento se opera numa condição social, ou também animal, relacionada aos atos passados. Ou seja, a idéia de uma retribuição dos méritos e dos erros. Com o desaparecimento do corpo por ocasião da morte, o *karma*, considerado como o ato moral (em sua concepção e em seus resultados), será a

À margem das doutrinas religiosas, o iogue desenvolve seus poderes espirituais recorrendo a todo um conjunto de técnicas, dentre as quais as mais célebres enfatizam a prática da Hata-ioga, "a ioga de esforço", em que gestos e posturas põem em jogo a vontade e esforços musculares muito diversos, partindo de teorias relativas às relações entre o corpo, microcosmo, com o Ser Supremo e o Universo.

No Himalaia, de acordo com a cosmologia budística, o lago Anavatapta é cercado por cinco cadeias de montanhas míticas, dentre elas a Gandhamadana, "Perfume inebriante", região paradisíaca onde vivem seres maravilhosos de todos os tipos. Lá se encontram os Budas, aqueles que foram "iluminados por eles próprios", aqueles que, não podendo passar adiante o Conhecimento que adquiriram, obtêm somente um *nirvana* provisório. Este *nirvana* só se tornará definitivo quando se der a aparição de um Buda "perfeito e completamente Iluminado". Assim, à espera de sua chegada, todos eles residem neste lugar onde dispõem de três cavernas. Para as cerimônias de purificação, realizadas por ocasião de cada uma das fases da Lua, eles se reúnem na superfície que lhes é reservada, ao pé de uma árvore, célebre por sua fragrância excepcional. Bem próximo fica o pavilhão de reunião que simboliza "os assentos sempre prontos para recebê-los" de que falam os textos. Nesse éden, onde todos os seres manifestam somente sentimentos de amizade, reina a mais perfeita compreensão. Os cavalos e elefantes se distinguem por suas cores, com freqüência inesperadas, e que revelam suas qualidades características.

causa dos renascimentos subseqüentes em boa ou em má condição, de acordo com o valor dos atos praticados e acumulados anteriormente.

A este ciclo fatal de mortes e renascimentos, apresenta-se uma única via de escape: a integração definitiva da alma individual ao mundo de Brahman. Mas, uma vez que esta libertação somente estaria ao alcance de seres excepcionais, surge uma teoria preconizando a aquisição do conhecimento, ou seja, o estudo e a prática do ascetismo, sem os quais toda morte será seguida de renascimento. Por meio da sua doutrina, sem fazer oposição ao pensamento e à sociedade de seus contemporâneos, Buda trará a resposta esperada por geração após geração sobre a questão do destino dos seres, revelando a via para uma salvação ou libertação acessível a todos.

O mundo e o universo

A organização espacial do mundo védico anuncia a cosmogonia bramanista, bem como a do budismo. Nesta última, deuses e gênios estarão freqüentemente presentes entre os seres humanos. Meru, a montanha mística, se mantém como eixo do mundo, cercada por sete cadeias de montanhas anelares, de altura decrescente, cercadas por oceanos. A cada um dos pontos cardeais corresponde um continente; o do sul, o Jambudvipa, engloba a Índia. No cume do Meru residem os 33 deuses, tendo Indra como chefe, como no vedismo. Os deuses do bramanismo, contudo, serão mencionados meramente de passagem e Maheshvara, isto é Shiva, será

somente o primeiro dos "deuses da terra dos homens".

Primordialmente preocupado com os valores morais e com as disciplinas que conduzem à libertação do pensamento, o budismo vai propor uma organização dos mundos de acordo com um escalonamento em três domínios testemunhando os progressos sucessivos na via desta libertação. O "domínio onde se age pelo desejo" será o dos animais, dos homens e de diversos deuses; trata-se do mundo terrestre, com os infernos abaixo e, acima, um "mundo dos deuses", no qual os seis níveis revelam um desligamento progressivo dos desejos materiais. Nos domínios acima só se encontram seres nascidos no mundo dos "deuses Brahma"; libertados de seus desejos, eles conservam apenas noções de forma e se dividem em quatro estágios dos quais os 17 níveis correspondem ao grau de libertação que o espírito atingiu. Os habitantes do terceiro, o "domínio da não-forma", não têm mais corporalidade, este domínio reúne as disposições psíquicas relativas às quatro infinidades distintas.
O *nirvana,* cessação que não significa aniquilamento e sim uma ausência de tudo que é, material ou espiritualmente, não tem localização.

Mahakala, o "Grande Tempo", inicialmente assistente de Shiva, depois do século X tornou-se, no budismo tântrico, um deus tutelar e ao mesmo tempo um dos oito "Guardiães da Lei" (búdica), por isso seu aspecto terrível e dissuasivo (acima).

Nesta representação do Universo de acordo com a cosmogonia búdica (à esquerda), podemos ver lado a lado um mapa apresentando, ao centro, os quatro continentes, os mundos subterrâneos e os infernos, abaixo, o mundo do Desejo e os diversos estágios do mundo das aparências de baixo para cima.

A vida do Buda histórico é indissociável da lenda. O maravilhoso e o verdadeiro mesclam-se constantemente, da mesma forma que o sagrado e o profano, as geografias celeste e terrestre. Antes de alcançar a "perfeita e completa Iluminação", o Buda foi um Bodhisattva, um "ser destinado ao Despertar ou Iluminação".

CAPÍTULO II
O BODHISATTVA

Pintada em Ajanta, no século VI, a imagem da esquerda não pretende representar o futuro Buda e sim um dos principais Bodhisattva do Mahayana. Ainda que sua identidade exata permaneça incerta, nem por isso deixa de constituir uma das mais notáveis evocações do ideal de grandeza e de serena benevolência que caracteriza esses salvadores por vocação.

Estendendo sua cabeleira sob os pés do Buda Dipankara, para evitar que ele sujasse os pés durante sua caminhada (página à direita), o brâmane Sumedha empenha-se, através de sua humildade e fé, para tornar-se o Buda dos tempos históricos: Gautama. Na arte de Bharhut, no século II a.C., os *Jataka* com freqüência apresentam animais. Acima, um elefante é conduzido por macacos.

As circunstâncias remotas

Para os budistas e para muitos daqueles que, convencidos da potencialidade boa ou má dos atos, acreditam na transmigração dos seres, a vida de Gautama, o Buda histórico, só pode ser a realização da longa, longuíssima progressão moral de um Bodhisattva, "ser de Iluminação", atingindo o estado, excepcional em todos os sentidos, de Buda "perfeitamente Iluminado e completamente Desperto".

A trajetória edificante e virtuosa do Bodhisattva nos é revelada por dois conjuntos de textos do cânone pali: a Linhagem dos Budas (*Budhavamsa*) e os Nascimentos (*Jataka*). De redação relativamente tardia, são considerados como relatos de narrativas e ensinamentos atribuídos ao próprio Buda. Sua popularidade, em especial a dos *Jataka*, é parcialmente atestada pelos mais antigos testemunhos registrados (Bharhut, metade do século II a.C.); e jamais foi desmentida.

De Dipankara a Gautama: o "Buddhavamsa"

De caráter lendário, supõe-se que o *Buddhavamsa* relate a história dos 24 Budas precursores de Gautama e anuncie o Buda dos tempos futuros, Metteyya (em sânscrito Maitreya). Mas o texto também determina, em parte, o desdobramento da trajetória do Bodhisattva.

Em tempos imemoriais, quando ainda vivia o Buda Dipankara, o primeiro dos 24 predecessores mencionados, Gautama era o brâmane Sumedha. Vivendo entre os ascetas e, certo dia, estando na presença de Dipankara, ele tomou a resolução de também alcançar o estado de Buda. Foi quando graças à faculdade do conhecimento, própria aos Budas oniscientes, que lhes permite responder a todas as perguntas, Dipankara, diante de uma multidão de ouvintes, pôde dar-lhe a garantia de que se "tornaria um Buda neste mundo". Esta predição seria confirmada pelos 23 Budas do passado, sucessores de Dipankara, ao passo que o futuro Gautama era ora um brâmane, ora um rei, até um chefe Yaksha, um rei Naga ou até mesmo um leão...

Para o antigo budismo, chamado Hinayana, Metteyya, o Buda dos tempos futuros, encontra-se atualmente entre os deuses Tushita, os Perfeitos. Mas como lhe acontece também de intervir em nosso mundo, no Mahayana — forma evoluída do budismo — ele é um dos maiores Bodhisattva.

547 narrativas dos Nascimentos: os "Jataka"

Desfrutando toda uma notoriedade particular, os *Jataka* são a própria base da educação religiosa e não é raro que sejam freqüentemente mais bem conhecidos pelos fiéis que muitos dos fatos eminentes da vida do Buda. A coletânea pali reúne 547 narrativas em verso, de caráter legendário, de "nascimentos"

Em Sukhotai, na Tailândia, um estreito corredor obscuro, escavado na parede espessa de um santuário do século XIV, permitia que se subisse e assim ganhasse acesso ao nível da cabeça de uma colossal estátua do Buda. O teto do corredor era constituído por uma centena de lajes gravadas em baixo-relevo. Os *Jataka* que ornamentavam essas lajes guiavam as meditações dos devotos, que subiam por este caminho bastante difícil. À esquerda, o Bodhisattva, à época cavalo do rei de Benares, à beira da morte, intercede pedindo o perdão para assaltantes capturados.

Os detalhes (à esquerda e na página à direita) de uma pintura tailandesa do princípio do século XIX ilustram o momento mais dramático do *Sama Jataka*, um dos dez "grandes" *Jataka*. O Bodhisattva Sama era filho único e único sustento de um casal de ascetas que haviam ficado cegos. Um dia em que percorria o bosque, onde entrara para buscar água para trazer-lhes, acompanhado de um cervo carregando as jarras, ele foi avistado por um rei de Benares, que tinha vindo caçar na mesma floresta. Acreditando que Sama fosse um ser sobrenatural, o rei o acertou com uma flecha envenenada, e somente os atos de fé deste e de seus pais puderam reconduzi-lo à vida.

anteriores do Bodhisattva, agrupadas em 22 seções teoricamente constituídas em função do número de estrofes de cada uma das narrativas. Na versão publicada em inglês, elas são acompanhadas por uma introdução que explica em que circunstâncias o Buda teria narrado o episódio de seus nascimentos anteriores. Atribuídas ao Buda, as estrofes (*gatha*) que a acompanham, em número variável, constituem uma espécie de reflexão para serem usadas pelos ouvintes. Mais freqüentemente, elas são apresentadas como recordação de palavras que ele teria pronunciado na ocasião em que ainda era um Bodhisattva. Cada um dos *Jataka* se encerra com uma breve explicação na qual o Buda se proporia a identificar seus contemporâneos, devotos ou oponentes, com os diversos atores do evento relatado, sublinhando assim em que medida o peso das disposições morais, boas ou más, condiciona o ser que transmigra.

Foi o teatro dançado e não a vida cotidiana que inspirou o desenho dos personagens desta pintura tailandesa. Sama, ferido (página à esquerda, embaixo), exibe o vestuário tradicional dos ascetas. A atitude e o gesto do rei (abaixo) são aqueles ditados pelas regras da dança para qualquer personagem que atira com um arco.

As dez virtudes sublimadas

Os *Jataka* mostram — e esta é a causa de seu interesse didático, bem como de sua popularidade — que a evolução do Bodhisattva, assim como a de todos os outros seres ao longo de suas existências, sejam elas humanas, animais ou divinas, impõe a prática, levada à extrema perfeição, de dez virtudes consideradas como essenciais. Trata-se das *paramita*, com relação às quais as listas diferem um pouco no budismo "antigo" (conhecido como Hinayana ou Pequeno Veículo) e no Mahayana (ou Grande

Veículo, o budismo evoluído, fundamentado em novas especulações, que surgiu pouco antes da era cristã), exatamente em virtude de uma concepção diferente dos Bodhisattva e de suas vidas. Para o budismo de tradição mais "antiga" (de língua pali), os "extremos" das virtudes dizem respeito à doação e à caridade, à prática moral, à abnegação e à renúncia, à inteligência ou à sapiência, à energia, à paciência e à magnanimidade, à veracidade, à determinação, à benevolência, à equanimidade. Em parte diferentes, as listas mahayanas concedem a mesma importância à doação e à prática moral; mas classificam de maneira diferente a paciência, a energia e a sapiência, e se completam com cinco *paramita* particulares: a meditação, o domínio dos meios, a resolução, a força moral, o conhecimento, todos considerados virtudes transcendentais em função das orientações doutrinárias do Mahayana. Seja como for, todas as escolas atribuem à doação e à caridade uma importância excepcional ligada, seja à qualidade do doador e à do beneficiário, seja ao valor da intenção e ao fato de que o nível mais alto de doação liberta de qualquer apego.

A doação sem limites

Já há muitos séculos, é do *Mahanipata* (a "grande seção" foi relacionada ao número de estrofes), da coletânea pali, que são mais freqüentemente retirados os *Jataka* ilustrando as dez *paramita*. Cada *Jataka* se apresenta como história lendária destinada a ilustrar uma virtude. Desse modo são ilustradas a

Os dois Bodhisattva mais conhecidos do Mahayana aparecem aqui, originários de duas tradições bem distintas: Metteyya (à esquerda), com quatro braços, é um bronze da arte khmer, de cerca dos séculos VIII-IX. Sentado na posição de "repouso real", Avalokiteshvara, (ao lado), é uma obra do reino Dali (sul da China) datando de entre os séculos XI e XII.

abnegação, a renúncia, a energia, a benevolência, a determinação, a paciência, a moralidade, a equanimidade, a veracidade, a inteligência e a sabedoria. O mais célebre dos *Jataka*, o *Vessantara Jataka* (nº 547), exalta a virtude da doação e caridade levada a seus limites mais extremos. Nessa história o Bodhisattva é o príncipe Vessantara, ou Vishvantara em sânscrito. Ilustrada na maioria dos monastérios, a história desse herói exemplar também é narrada e comentada periodicamente para o aperfeiçoamento moral de todos os fiéis. Desde os oito anos de idade, Vessantara, filho do rei de Sivi, fez o voto de oferecer grandes doações; os acontecimentos, contudo, superarão muito todas as expectativas...

Os *Jataka* com freqüência fornecem explicações interessantes sobre a vida cotidiana no princípio de nossa era. Acima, uma ilustração do *Mahajanaka Jataka*, longa história do príncipe do mesmo nome, bem distante das peripécias dramáticas da narrativa, nos revela as amenidades da vida na corte na época da Índia Gupta, por volta dos séculos V-VII.

Esta pintura tailandesa, feita sobre tecido, no princípio do século XIX (à esquerda), era exposta em um templo para a declamação do *Vessantara Jataka*. Ela evoca o momento em que depois de os brâmanes terem reclamado os quatro cavalos da carruagem do príncipe, as divindades assumem a aparência de cervos para substituí-los.

Casado aos 16 anos com a princesa Maddi, também apaixonada pelos atos meritórios, o príncipe tem dois filhos. Para satisfazer a exigência de oito brâmanes, Vessantara começa por fazer a doação de seu elefante branco, tradicionalmente considerado como garantia da prosperidade do reino; este presente tem como resultado seu banimento e de sua família. Antes de partir, o príncipe distribui o conjunto de seus bens — considerado o ato de doação por excelência —, mas ainda vê lhe serem reclamados seus quatro cavalos e depois sua carruagem. Seguindo em seu caminho e levando os dois filhos, Vessantara e Maddi chegam ao lugar designado para seu exílio. Lá, dois eremitérios haviam sido preparados para eles pelo mestre-de-obras dos deuses. Mas as provações não haviam acabado ainda:

quatro meses depois, Jujaka, um velho brâmane de caráter pouco recomendável, vem reclamar que Vessantara lhe dê as crianças para fazer delas escravas da jovem esposa que por sorte lhe coubera. Esta doação de "carne da própria carne", superior a todas as outras, não pode ser recusada, e Vessantara se desencumbirá dela de acordo com os ritos. Uma última prova ainda espera o casal: a doação da esposa, reclamada, desta vez, pelos deuses. É Sakra (nome pessoal de Indra) quem vem em pessoa fazer a exigência, depois de ter-se revestido da aparência de um brâmane. Porém, fazendo-se reconhecer no momento em que a doação vai ser efetuada, ele devolve Maddi a Vessantara e lhe concede oito favores.

Na mesma ocasião, o rei de Sivi conseguira comprar de volta seus netos de Jujaka, que não tarda a morrer em meio à dissipação e à corrupção. O retorno dos exilados é decidido e um magnífico cortejo os traz de volta à capital, onde Vessantara, depois de coroado rei, continuará, do mesmo modo, a praticar a generosidade.

O fim das provações: os filhos do príncipe Vessantara foram comprados de volta pelo rei, seu avô, do brâmane indigno que havia exigido que lhes fossem dados. Os exilados foram levados de volta com grande pompa para a capital e agora é o momento da alegria dos reencontros. Uma felicidade tão grande que o próprio mundo fica abalado. Ocorrem um tremor de terra e uma tempestade, como voltarão a ocorrer, bem mais tarde, por ocasião de todos os grandes acontecimentos da vida do Buda. Abaixo, o artista anônimo sugeriu os sentimentos de todos os personagens recorrendo à gestualidade tradicional do teatro tailandês.

A penúltima existência

Por ocasião de sua morte, Vessantara renasce no céu dos deuses Tushita (os Calmos ou os Satisfeitos, cujo céu é o quarto "domínio dos desejos", dos quais existem seis), uma vez que a regra estabelecida é que

O Bodhisattva, deus do céu dos Tushita, ensina o Dharma aos outros deuses, enquanto espera pelo momento de sua descida entre os homens para seu último nascimento. A cena ao lado, encontrada em Borobudur, datando do século IX, caracteriza com grande sobriedade e requintada ciência da composição e equilíbrio de cheios e vazios, a arte búdica da região central de Java.

Neste fragmento de uma balaustrada de *stupa* da arte de Amaravati (datada aproximadamente dos séculos III-IV), um escultor ilustrou, em três cenas justapostas e animadas por uma variedade de personagens, a descida do Bodhisattva para sua última encarnação. À esquerda, despedindo-se dos deuses Tushita, ele os consola, anunciando-lhes que Metteyya lhes ensinará o Dharma. Na parte central, vemos sua partida, sob o aspecto "aconselhado pelo *Veda*", de um elefante branco, que é carregado em procissão sob um baldaquino, por deuses e divindades de todas as categorias que manifestam sua alegria. À direita, finalmente, vemos a encarnação no seio da rainha Maya, deitada sobre o lado esquerdo do corpo, em meio a seu séquito, como é com freqüência representada na arte de Amaravati. O conjunto dessas composições parece surpreendentemente fiel ao espírito e à letra do *Lalitavistara*, célebre texto em sânscrito relatando a vida do Buda, datando de cerca do século I a.C.

todos os Bodhisattva nascem entre esses deuses para sua penúltima existência. E esta é extremamente longa uma vez que, de acordo com um texto do cânone, 400 anos de nosso mundo representam apenas um dia no céu dos Tushita, e a vida desses deuses dura quatro mil anos do mundo deles.

Quando chega a hora e o momento para que um Buda apareça na Terra (visto que todos os períodos do mundo não têm capacidade para apreender os ensinamentos de um Buda), os deuses dos "dez mil mundos" se reúnem para pedir ao Bodhisattva que nasça, para sua derradeira existência, entre os homens. Foi assim que, como o fizeram com todos os Budas do passado e farão com todos os dos tempos futuros, eles vieram solicitar a Svetaketu ("Branca e brilhante aparição", nome do Bodhisattva entre os Tushita) que se dispusesse a renascer entre os homens. De fato, com muita freqüência antes de chegarem ao termo da vida divina — termo do qual os sinais precursores são amplamente enumerados pelos tratados cosmológicos —, os Bodhisattva são assim convidados, quando as condições perfeitas parecem reunidas, a preparar sem mais espera o último nascimento que os conduzirá ao "completo Despertar ou Iluminação".

Assim começa a biografia do Buda histórico

O Bodhisattva determina ele próprio, através das Cinco Grandes Investigações, a ocasião (favorável), o continente, o lugar de seu nascimento, sua linhagem (seu clã, *kula*) e a mãe que o conceberá. O conhecimento que ele tem do passado bem como dos acontecimentos futuros o conduz, quando chega o momento, a escolher, em virtude de sua pureza, uma modesta confederação dirigida pelos Sakya (um dos clãs dos *kshatriya*) e para seus pais o rei Suddhodana (de linhagem bramanânica) e a rainha Mayadevi. Dali em diante, ele estará pronto a enfrentar as "circunstâncias próximas" que, resultando na "aquisição da Iluminação", conduzirão ao ensinamento da "Boa Lei" esperada por todos os seres.

Uma vez feitas suas escolhas, o Bodhisattva expõe aos deuses Tushita, para "instruí-los, iluminá-los, regozijá-los e reconfortá-los", as "108 portas luminosas da Lei" e lhes apresenta aquele que será o Buda dos tempos futuros, o Bodhisattva Metteyya. Estando todas as condições reunidas, dali por diante, o Bodhisattva pode deixar o céu Tushita para nascer entre os homens. Assim se inicia a biografia do Buda histórico.

A concepção e o nascimento de Siddhartha

Os textos de maneira geral estão de acordo sobre a trama de uma narrativa mais ou menos enriquecida por um assombro, um sobrenatural, do qual ele é

"O Bodhisattva começou a se afastar da morada dos Tushita. E assim, através desse afastamento do Bodhisattva, projetou-se de seu corpo uma luz tal que, através desta luz, esta região do mundo, composta de três mil grandes milheiros, foi completamente preenchida por uma luz que ultrapassava a luz divina abundante, difundida por toda parte e que, anteriormente, nunca havia aparecido."

Lalitavistara, capítulo V

inseparável e que testemunha tanto a fé dos narradores quanto sua inclinação para engrandecer qualquer fato notório, tão característica das melhores tradições literárias do mundo indiano.

O rei Suddhodana e a rainha Maya não tinham filhos e praticavam a castidade, a concepção do Bodhisattva é considerada imaculada. Soberanos da modesta confederação tribal dos Sakya, o pai e a mãe do futuro Buda pertenciam à casta dos guerreiros e tinham, ao que parece, o brâmane Gautama como origem de sua linhagem. Durante um sonho, a rainha vê um elefante branco penetrar seu flanco direito. Para os adivinhos, isto

O sonho da rainha Maya está ilustrado em Bharhut de maneira mais ou menos realista (abaixo): o elefante é grande em termos de tamanho, o que induz a pensar que não se trate da encarnação do Buda e sim de um sonho premonitório de Maya. À esquerda um detalhe do *Círculo dos mil raios de luz,* fenômeno que marcou a partida do Bodhisattva e sua saída do céu dos Tushita.

"A capital foi vencida e está em ruínas", observara o viajante chinês Xuanzang, ao visitar o monastério de Kapilavastu (ao lado), no princípio do século VII. Ele havia confundido os vestígios desse monastério recentemente abandonado devido às invasões com a fortaleza real, cercada de muralhas, "construída com tijolos" e "ainda sólida e alta". De fato, nada restou do reino de Suddhodana.

significa a promessa de nascimento de um filho que só poderá ser um *cakravartin* (monarca universal) ou um Buda, se renunciar ao mundo. Dez meses (lunares) depois da concepção, desejando visitar seus pais, a rainha parte de Kapilavastu, acompanhada por sua irmã mais moça e de seu séquito. Ao fazer uma parada no Jardim de Lumbini, de pé sob uma árvore, ela agarra um dos galhos e dá à luz o Bodhisattva, que sai de seu flanco direito "sem machucá-la". Sakra e Brahma o recebem em seus braços de tal maneira que, não tendo sido "tocado por nenhum ser humano, foram as divindades quem primeiro o receberam". O Bodhisattva, então, se levantando sobre um grande lótus, surgido miraculosamente, teria sido banhado por dois reis Naga e depois, dando sete passos em direção ao norte e fixando os pontos cardeais, um de cada vez, ele proclama, "como um leão, isento de temor e de terror", que vencerá "a doença e a morte".

Dos céus aos infernos, o mundo inteiro celebra o acontecimento. Na mesma ocasião nascem sua futura esposa, seu escudeiro, seu cavalo e diversos reis. Sete dias depois do nascimento, a rainha Maya morre para renascer no céu dos Tushita. Depois disso, Mahaprajapati, irmã mais moça da rainha e segunda esposa do rei, criará o Bodhisattva até que ele complete sete anos.

A vida inteira do Buda se desenrolou na bacia média do Ganges, zona central da Uttar Pradesh atual. Próximo de Kapilavastu, o local do Nascimento fica situado no sul do território nepalês, cerca de 190 quilômetros a oeste de Katmandu.

Recebido pelos deuses "antes que qualquer ser humano pudesse tocá-lo", o Bodhisattva (à direita) se levanta sobre o solo e, convencido de que conseguiu chegar a seu último nascimento, caminha na direção de cada um dos quatro pontos cardeais.

A previsão do sábio Asita

Pouco depois do Nascimento, o Bodhisattva é levado, em meio a grande pompa e acompanhado pelos deuses, à Kapilavastu. De acordo com um costume dos Sakya, ele é apresentado ao templo de Abhaya ("sem medo"), sua divindade protetora. O rei lhe dá o nome pessoal de Sidarta ("aquele que atinge o sucesso, a prosperidade"); os adivinhos então preparam seu horóscopo e examinam as "32 marcas e os 80 signos secundários do homem eminente", dos quais ele é provido e que testemunham os méritos anteriormente adquiridos.

Tudo confirma que ele está destinado a ser um monarca universal ou um Buda. De

Até o fim do século IV, as diversas seitas da região de Andhra (no sudeste da Índia) de onde é originário o baixo-relevo acima, se interrogaram sobre a representação do Buda, ser excepcional, superior aos homens e aos deuses: deveriam dar-lhe um aspecto humano ou se contentar com uma evocação simbólica? Mostrá-lo depois de alcançar a Iluminação ou a partir de seu Nascimento? Aqui, foi o símbolo que prevaleceu; a presença do recém-nascido só é sugerida pela presença, no centro e ao alto da composição, de um chapéu-de-sol ladeado por abana-moscas.

Como é muito comum na pintura tibetana, a obra à esquerda apresenta, numa composição altamente decorativa, uma visão sintética dos acontecimentos. Numerosos detalhes evocam os textos do *Lalitavistara.* À direita, Mayadevi, a mãe do Buda, estende "o braço direito, que ao olhar parece um raio", em direção à árvore que "se inclina saudando-a". À esquerda, o Bodhisattva se ergue "sobre o grande lótus que surgiu, perfurando a terra". Acima dele pairam "Nanda e Upananda, os dois reis dos Naga, mostrando-se em meio torso na extensão do céu, tendo feito surgir duas correntes d'água, quente e fria, para banhá-lo. [...] No ar um precioso chapéu-de-sol aparece [...] e ele, mantendo-se sobre o grande lótus, observa os dez pontos do espaço com o olhar do leão, com o olhar do homem eminente" (*Lalitavistara*). Depois, de frente para cada uma das regiões o Bodhisattva dá sete passos, marcado pelos lótus que nascem espontaneamente. A "morada preciosa" que, "durante dez meses", o havia isolado de contato com o seio materno é recolhida pelos deuses e "levada para o mundo de Brahma". O comprimento exagerado dos braços do Bodhisattva é uma das "32 características do homem eminente".

Os pretendentes ao casamento com Gopa tiveram de passar por três provas, das quais uma, de arco e flecha, que o Bodhisattva venceu com facilidade. Apresentada no estilo chinês (página à direita) em Dunhuang, na Ásia Central, esta prova de força e de destreza é célebre no conjunto do mundo antigo.

"Naquela época o grande *rishi* Asita residia na encosta do Himalaia, o rei das montanhas, em companhia de Naradatta, filho de sua irmã, e era dotado das cinco faculdades sobrenaturais. A partir do nascimento do Bodhisattva ele passou a ver maravilhas, prodígios e milagres. No firmamento, os filhos dos deuses, cheios de alegria, corriam de um lado e de outro, agitando suas echarpes. Ao se deparar com esta visão, ele exclamou: 'Ora, mas também é preciso que eu olhe ao meu redor.' Abraçando com seu olhar divino todo o conjunto da Índia, ele descobriu que, na grande cidade que tem o nome de Kapila, na casa do rei Soudoddhana, havia nascido um pequeno príncipe resplandecente com 100 esplendores sagrados, louvado por todo o universo e dotado das 32 marcas características do grande homem."

Lalitavistara,
capítulo VII

Tão logo nasceu, o Bodhisattva pôs-se de pé sobre o lótus magicamente surgido do solo (abaixo) e proclamou com a mão direita erguida sua primazia sobre o mundo: "Eu serei aquele que caminha à frente de todas as leis que possuem a virtude como raiz." A representação parece influenciada pela iconografia chinesa; sempre presente no Buda adulto, a protuberância craniana é muito rara no Bodhisattva criança.

maneira que duas possibilidades são consideradas: a primeira satisfaria um rei sem herdeiro, a segunda a todos os seres. Caberá ao sábio Asita (capelão do pai de Suddhodana e mestre deste último, segundo algumas versões) revelar que o menino será um Buda "perfeita e completamente Iluminado". Em seu retiro no Himalaia, ele tomou conhecimento do nascimento do Bodhisattva graças a seus poderes sobrenaturais; decidido a reverenciá-lo, através de magia Asita voa até Kapilavastu. Lá, percebendo que o príncipe Sidarta certamente alcançará a Inteligência Suprema e "porá em movimento a Roda do Dharma", ele lamenta sua idade, já bem avançada, que não lhe permitirá presenciar.

Os primeiros anos

Até os sete anos de idade Sidarta é criado por sua tia Mahaprajapati, com o auxílio de amas. Poucos fatos são relatados desse período, exceto pela aquisição, no sétimo ano, do "primeiro estágio da meditação" durante a cerimônia do "raio sagrado" realizada pelo rei.

A partir do mesmo ano, inicia-se a educação propriamente dita, que consiste no domínio das "64 artes" cuja lista, conhecida, inclui tanto disciplinas do espírito quanto a destreza técnica ou esportiva. Nessas atividades o Bodhisattva faz maravilhas, por vezes ultrapassando seus mestres.

Pintada no monastério de Mulgirigala (sul de Sri Lanka), no fim do século XIX, a cena do concurso de arco e flecha apresenta provas bem diferentes das mostradas em Dunhuang (página anterior). Nenhuma das duas ilustra o verdadeiro triunfo do Bodhisattva, utilizando o arco de seu avô, que ninguém nunca havia sequer conseguido levantar.

Por volta dessa época teriam se manifestado a rivalidade e o ciúme de seu primo Devadatta com relação ao Bodhisattva. Todos os textos, começando pelos *Jataka*, tendem a apresentar essas inclinações detestáveis como o "fardo" maligno que Devadatta carrega de existência em existência.

O casamento e a vida de príncipe

Quando Sidarta completa 16 anos, atingindo a maioridade, o conselho dos Sakya percebe que chegou a hora de o futuro soberano contratar casamento. O parecer do príncipe é solicitado. Refletindo que todos os Budas do passado haviam seguido a via do

casamento, ele não poderia recusá-la, e assim enumera as qualidades que gostaria de ver reveladas na futura esposa.

O capelão real parte pessoalmente para procurá-la no clã dos Sakya e a encontra na pessoa de Gopa (ou Bimba, Yashodhara). Tendo sido capaz de distingui-la em meio a uma multidão de belas jovens, o Bodhisattva será escolhido depois de ter triunfado sobre os outros pretendentes durante uma competição nas diversas artes, e particularmente por ter conseguido usar o arco de seu ancestral Sinhahanu, que ninguém era capaz de levantar. Devemos observar que o episódio por vezes evoca as condições da união de Rama e de Sita (*Ramayana*, livro I) e de Arjuna e de Draupadi (*Mahabharata*, livro I).

Celebrada a união, o rei se esforça para cativar o interesse do príncipe pelas funções reais, tentando oferecer todas as formas de satisfação a seu prazer, inclusive os "cinco prazeres dos sentidos", e atender a todas as suas necessidades, ao mesmo tempo evitando que tome conhecimento, pelo menos assim espera, de qualquer coisa que possa incitá-lo a renunciar ao mundo, conforme as previsões e um sonho recente, mostrando Sidarta com a aparência de um religioso errante, o fazem temer.

"Nessa morada, de todas a primeira, onde reside o Bodhisattva e, enquanto reside nesta nobre morada, o melhor dos abrigos, ele que é sem mácula, [...] as conchas, os tambores, os timbales, os tambores de bronze, os alaúdes, os tamboris, os címbalos e as flautas, fazem soar os sons agradáveis de seus acordes, os sons variados e retumbantes de suas sinfonias sempre que ele está acordado; e o grupo de mulheres, de voz suave, doce e tocando o coração, mantinham acordado o Bodhisattva com os acordes e concertos de melodias encantadoras."

Lalitavistara, capítulo XIII

Os quatro encontros e o desgosto com o mundo

Criados para evitar que ele tenha qualquer visão dolorosa, são os jardins de prazeres, concebidos pelo rei, que revelarão, ou melhor, despertarão, a obsedante realidade da dor tão freqüentemente sentida pelo Bodhisattva ao longo dos tempos: a dor física e a dor moral, renovadas de existências em existências sucessivas. Percorrendo cada um dos portões da cidadela dos jardins, ele teria encontrado, primeiro, a leste, um velho "enfraquecido", "abandonado, sem protetor, incapaz de agir". Ao sul, teria sido um enfermo, "esgotado", "às portas da morte, sem proteção, sem abrigo, sem asilo". Depois, a oeste, será um cortejo fúnebre, dirigindo-se para a pira. Então, evocando "a velhice, a doença e a morte, que estão sempre ligadas uma à outra", o Bodhisattva se dedica a sonhar com a "libertação". Esta lhe aparecerá por ocasião do quarto encontro, ao norte; sob a forma da libertação de um religioso errante que "na calma de si mesmo" caminhava "sem afeição, sem ódio, pedindo esmola". A partir de então, Sidarta sabe que o "ingresso na religião", louvado pelos sábios, praticado voluntariamente pelos mais importantes personagens ao alcançarem a idade madura, "é útil para o próprio indivíduo e para os outros seres".

Ainda em Dunhuang, os encontros foram ilustrados em um estilo muito livre, quase familiar, de inspiração chinesa. As três cenas aqui reproduzidas mostram o Bodhisattva a cavalo, saindo sozinho da cidadela e que se vê frente a frente com essas três verdades que tinham desejado esconder-lhe: um velho miserável e decrépito, um enfermo entrevado e um religioso caminhando com toda a serenidade.

O terceiro dos quatro encontros, com o morto sendo levado à pira, é apresentado (ao lado) em um estilo bastante mais clássico pelo pintor tibetano: o Bodhisattva não é representado na pessoa de um caminhante solitário e sim como o príncipe Sidarta em sua carruagem protegido pelo guarda-sol e acompanhado de seu séquito.

O rei, tendo conhecimento desses encontros e das disposições de espírito do príncipe, multiplicará as festas para distraí-lo ao mesmo tempo tomando providências para que ele seja sempre mantido mais perto. Contudo, na mesma ocasião em que nasce seu filho, a quem ele dá o nome de Rahula ("laço"), o Bodhisattva decide renunciar ao mundo: a visão de seu séquito feminino, entregue ao sono sem nenhuma moderação ou pudor, inspira-lhe o desgosto, ao passo que se ressente da paternidade por considerá-la uma nova fonte de apego.

O encontro decisivo, com o religioso que "na calma de si mesmo" caminhava "sem afeição, sem ódio", ocorre como os outros três, bem diante dos portões da cidadela. Desse modo o pintor simboliza com toda a simplicidade a precariedade desses jardins de prazer, cercados de muros para impedir o Bodhisattva de ver o sofrimento.

Confortado em sua decisão de romper com a vida mundana pela visão das mulheres do gineceu adormecidas em um abandono impudente, o Bodhisattva contempla uma última vez a esposa e o filho recém-nascido, com o coração cheio de tristeza pela partida que decidiu, antes de ir se juntar a seu escudeiro e seu cavalo, que o esperam.

A grande partida e a rejeição do mundo

Em seu vigésimo nono aniversário, à noite, o Bodhisattva toma a decisão de "abandonar o lar e a família". Depois de pedir a seu pai que o autorizasse, e de contemplar sua esposa e seu filho adormecidos, ele abandona secretamente o palácio, montado em seu cavalo, Kanthaka, e acompanhado pelo escudeiro Chandaka, apesar da tristeza do primeiro e das súplicas do segundo. Os deuses facilitam a fuga, mergulhando toda a população num sono profundo, abrindo os portões, sustentando os cascos do cavalo para abafar o ruído. E exatamente como na ocasião da Descida do céu dos Tushita, produzem-se prodígios em todo o universo.

O Bodhisattva então se dirige para o sudeste, atravessa três pequenos reinos e, malgrado a oposição de Mara, um deus muito poderoso considerado como o tentador e a personificação do mal e da morte, de quem esta será a primeira manifestação, cruza o rio Anoma. Ali, para reafirmar sua escolha, corta seus longos cabelos — que serão transportados para o céu por Indra e pelos deuses —, em seguida, troca suas roupas pelas de um caçador e manda o escudeiro, com seu cavalo e os ornamentos de príncipe, de volta para Kapilavastu. Eles serão testemunhas da mudança irrevogável e — tais exemplos de fidelidade animal não são excepcionais — o cavalo Kanthaka se deixará morrer de tristeza; ele renascerá no céu de Indra.

Mais que o abandono das jóias e vestimentas principescas, o gesto do Bodhisattva de cortar os cabelos, com a ajuda de sua própria espada, marca uma escolha definitiva. Dessa maneira, rejeitando um privilégio de sua casta, ele se engaja no caminho dos religiosos errantes.

Até o século V de nossa era, a Grande Partida foi considerada como um milagre: o Nascimento do Bodhisattva para a vida religiosa. A representação desse episódio é bastante bem traduzida: os deuses seguram nas mãos os cascos do cavalo e o escudeiro pendura-se no rabo. Aqui o vestuário, adornos e arreios evocam o teatro birmanês do fim do século XIX.

Vencendo os últimos obstáculos, o Bodhisattva chega ao final de sua longa busca. Tornando-se o Buda "perfeito e completamente Iluminado", possuidor das Quatro Nobres Verdades, dali por diante ele ensinará a Boa Lei, sua descoberta, para o bem de todos os seres.

CAPÍTULO III
A ILUMINAÇÃO E O PRIMEIRO SERMÃO

Durante toda a segunda semana depois de alcançar a Iluminação, o Buda se mantém de pé sobre uma flor de lótus, as mãos cruzadas, contemplando com o olhar fixo, "sem piscar os olhos", a Árvore da Bodhi (igualmente representada à direita, em baixo-relevo) e o trono "de diamante", o trono "inabalável" surgido no instante em que ele havia afirmado sua vontade de alcançar a Iluminação.

E a partir de então o príncipe Sidarta tornou-se o religioso itinerante Gautama. Graças à hospitalidade de diversas pessoas, avançando por etapas, ele acaba por chegar a Vaishali e então se junta aos discípulos de Arada Kalapa, mestre do bramanismo, que ensina a inexistência substancial de todas as coisas. Gautama rapidamente torna-se adepto dessa doutrina, participando inclusive na formação de discípulos; mas, compreendendo também que ela não poderá conduzir à "extinção total do sofrimento", ligado à sucessão sem fim de renascimentos e de mortes, ele decide procurar um outro mestre e se dirige para a capital de Magadha, Rajagriha. Ao chegar lá é visitado por seu rei, Bimbisara, que, posteriormente, viria se tornar o mais fiel seguidor do Buda e da Comunidade. Durante algum tempo, contudo, o Bodhisattva entrega-se a suas reflexões espirituais e vai se juntar aos 700 discípulos de Udraka Ramaputra. A doutrina ensinada, porém, também não responde às suas expectativas; de modo que ele volta a se afastar, desta vez sendo seguido por cinco discípulos. Mais tarde designados como "os monges do grupo feliz", esses cinco discípulos foram os primeiros ouvintes da Boa Lei. Em busca de um lugar agradável e propício à meditação, eles se dirigem para Gaya, e se instalam em Uruvilva, próximo às margens do rio Nairanjana.

Já vestido de monge budista, o Bodhisattva recebe os ensinamentos do mestre bramanista Udraka Ramaputra (no alto, à esquerda), fundamentados na obtenção de um estado sem consciência, nem inconsciência. Ao compreender que este estado não o conduzirá à Iluminação que ele busca, o Bodhisattva se afasta e se entrega, sozinho, ao jejum, combinado com uma disciplina de retenção da respiração inspirada pelo Hata-ioga, o "ioga da força", que somente a arte de Gandhara, na Antiguidade, ousou evocar, desprezando a idealização constante do Bem-aventurado (página à esquerda). Esta provação ascética o enfraquece a tal ponto que até mesmo seus cinco companheiros ficam alarmados (abaixo).

A futilidade da extrema ascese

Não tendo podido encontrar o mestre que esperara, Gautama, que se tornou o Shakyamuni (o "sábio do clã dos Sakya"), decide descobrir sozinho a via da salvação. Para fazer isso, recorreu, como outros sábios da Índia, às severas práticas ascéticas e a uma disciplina aparentadas do ioga, combinando-as com um jejum prolongado. Os deuses o vêem emagrecer e cair em um estado de extrema fraqueza; alarmados, avisam a sua mãe, renascida entre eles, e a seu pai, que se recusa a admitir seu insucesso. O Bodhisattva prossegue na mesma via, e as "marcas do homem eminente" se apagam de seu corpo, suas faculdades se obscurecem. Mara, o mal personificado, que ele já havia encontrado quando renunciara ao mundo, se manifesta novamente, tentando levá-lo a admitir sua derrota. Perto da morte, quando já não lhe resta nada "além de um milésimo de vitalidade", Indra aparece para Gautama. Tocando um alaúde de três cordas, Indra mostra que uma única corda, submetida à tensão correta, proporciona um som agradável, ao passo que uma corda que está muito esticada não oferece nenhum som e que uma que esteja esticada demais, e submetida a demasiada tensão,

inexoravelmente acaba sempre se partindo: do mesmo modo, somente aquele que souber se manter longe de qualquer excesso atingirá a meta que se propõe a alcançar. Assim Gautama, compreendendo a futilidade da automortificação, decide pôr fim à sua vã ascese e, ainda que fracassado, dedica-se a recuperar sua aparência e forças. Com a mortalha de um cadáver (ou, de acordo com uma outra versão, com os andrajos de uma moribunda), faz para si um manto de religioso e, a partir de então, pode buscar subsistência, recuperar as forças e atingir a meta perseguida, agora, já há seis anos. Jovens aldeãs oferecem-lhe alimentos; ele recupera a boa aparência e as faculdades a olhos vistos.

Seus cinco companheiros não compreendem este abandono da austeridade que lhes parece uma abdicação: eles o abandonam e partem para Rishipatana, nas proximidades de Benares. O Bodhisattva então segue em direção à "árvore do cabreiro" (*ajapala*), para continuar suas meditações. É ali que Sujata ("bem-nascida"), acreditando estar na presença da divindade da árvore, a quem havia feito uma promessa, lhe oferece numa tigela de ouro um "suculento mingau de arroz", que ele aceita.

Um peregrino chinês do século VII, Xuanzang, relata que o Bodhisattva teria feito sua morada na gruta (à esquerda), no meio da encosta do monte Pragbodhi, até que um deus "das moradas puras" lhe teria revelado que só alcançaria a Iluminação ao pé da Árvore da Iluminação (Bodhi), a alguns quilômetros dali.

"Enquanto isso, seja ou não a conselho dos deuses, Sujata prepara com o creme recolhido do leite de um milhar de vacas e com um punhado de arroz fresco, o mais saboroso e nutritivo dos pratos. [...] Foi este alimento precioso que ela lhe ofereceu sob a Árvore do cabreiro que, de acordo com alguns textos, ela lhe teria dado quando ele mendigava em sua aldeia."

Lalitavistara, capítulo XVIII

A preparação para a "suprema e completa Iluminação"

Durante a noite precedente o Bodhisattva teve cinco sonhos premonitórios sobre a iminência da aquisição da Iluminação. Depois de ter-se banhado nas águas do Nairanjana, ele divide então o alimento recebido em 49 partes destinadas a cada um dos dias que sabe serão necessários à consagração da Iluminação.

Como um religioso não pode conservar um objeto precioso, ele lança no rio a tigela de ouro que, fluindo contra a corrente, chega à morada do rei Naga Mahakala e se choca contra as tigelas preciosas arremessadas em circunstâncias semelhantes pelos três Budas predecessores de Gautama.

Ele passa o resto do dia num bosque. O Bodhisattva, que agora recuperou "as marcas do homem eminente" em sua plenitude, sabe que está prestes a adquirir a Iluminação e se dirige para o Bodhimanda ("essência da Iluminação"), local imutável, considerado como o centro da Terra, o único capaz de suportar o peso da Iluminação que nele obtêm os sucessivos Budas. É ali que ele vai sentar-se, de frente para o sul, sobre uma juncada da erva *kuça*, que pediu a um cortador de juncos.

Para o *Comentário* dos *Jataka*, estamos, a partir deste momento, na presença de "circunstâncias recentes, finais", aquelas ao longo das quais o Bodhisattva, através do "ato completo da Iluminação", torna-se o Buda que ensinará as Quatro Nobres Verdades.

O ataque e a derrota de Mara

Já falamos sobre Mara. Seu nome evoca, por sua raiz *"mri"*, a idéia da morte; ele é comparado ao demônio e designado como "o pior" (*papiyan*). Contudo, é um deus muito poderoso que domina o mundo dos desejos e que governa os destinos infernais, dos animais, das almas dos mortos, dos seres humanos e de seis estágios de divindades que, para saborear prazeres cada vez mais etéreos, nem por isso deixam de estar ligadas à satisfação dos sentidos.

Mara compreende a ameaça de ruína que representaria para seu império a descoberta das causas produtoras dos renascimentos sem fim e do meio para aboli-los. Ele decide pôr fim ao empreendimento de Gautama.

Mara vai lançar mão de tudo para atingir este objetivo. Para numerosos budistas, e a iconografia dá testemunho desde as primeiras imagens, o episódio é considerado como o auge da trajetória do Bodhisattva. Na verdade, somente o triunfo das virtudes sobre todos os laços que acorrentam os seres pode permitir a aquisição da Iluminação. A necessidade de ilustrar esta idéia através de símbolos acessíveis a todos explica o sucesso constante da iconografia representando o ataque e a derrota de Mara.

A aquisição da Iluminação

Foi durante a noite de lua cheia do mês *vaiçakha* (abril-maio), no dia de seu trigésimo quinto aniversário, segundo a tradição, que Gautama, o Shakyamuni, alcançou a "Iluminação suprema, perfeita e completa", tornando-se, dali por diante, o Buda. Por ocasião da primeira vigília (na Índia, as noites compreendem três vigílias),

A mão direita voltada para o solo, "a terra tomada por testemunha", este gesto do Buda evoca a vitória sobre Mara, antecedendo a aquisição da Iluminação.

A vitória conquistada pelo Bodhisattva sobre Mara e sobre todas as forças do mal que ele governa, na qualidade de senhor dos mundos submetidos aos desejos, só poderia ser evocada plasticamente recorrendo à alegoria. Os próprios textos, para melhor convencer os fiéis dos perigos que os ameaçam, utilizaram os mesmos procedimentos. De modo que é muito difícil discernir se foram as imagens que inspiraram os textos ou se foram esses últimos que guiaram os escultores e pintores desde as primeiras manifestações da arte budista. Para evocar todos os perigos, eram necessárias as imagens mais assustadoras e demoníacas. Em todas as latitudes e em todas as épocas, o mesmo vocabulário foi utilizado, mas as regiões budísticas sempre fizeram dele excelente uso.

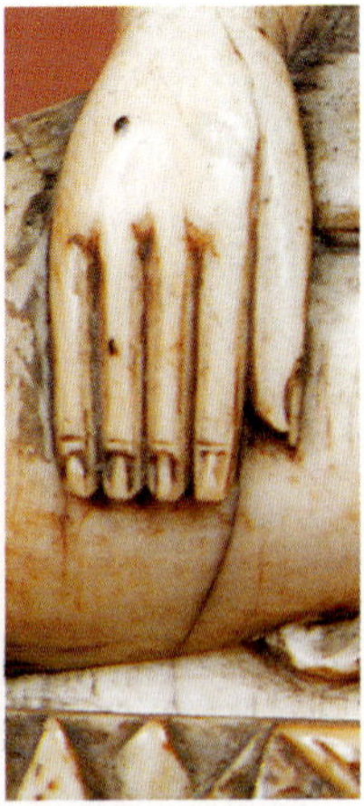

o Bodhisattva percorreu os quatro estados sucessivos da meditação, os quais, liberando seu intelecto de qualquer laço, o conduziram à "pureza total de imperturbabilidade e de presença de espírito". A segunda vigília permite-lhe, graças à sua faculdade de vidência ("o olho divino"), rever o desenrolar de suas existências e das de todos os seres. Ele comprova assim seus incessantes e desoladores recomeços e o sofrimento que deles resulta.

A terceira vigília é aquela da "suprema, perfeita, completa Iluminação" (*abhisambodhi*): tendo tomado consciência da lei das "produções recíprocas" das causas e dos efeitos,

Esta colossal estátua rupestre, esculpida no século XII em Polonnaruwa (Sri Lanka), representa o Buda histórico em meditação, mas a ornamentação excepcional da almofada da cabeceira não permite que se reconheça que momento, posterior à Iluminação, é aqui evocado.

em número de 12, e de seu encadeamento inevitável, o Bodhisattva descobre, por dedução, como pôr fim a essas produções.

A partir desse momento o Bodhisattva possui as Quatro Nobres Verdades — a verdade sobre o sofrimento, a verdade sobre a origem do sofrimento, a verdade sobre a cessação do sofrimento, a verdade sobre o caminho óctuplo (cujas oito ramificações simbolizam a aquisição das oito perfeições), conduzindo à cessação do sofrimento —, e torna-se, em virtude disso, o Buda.

Este é o segundo grande milagre. Os deuses, que não podiam permanecer presentes enquanto um dos maiores dentre eles atacava o Bodhisattva, retornam para celebrar em meio aos prodígios costumeiros. São esses também os próprios fundamentos da doutrina "de difícil compreensão" que um Buda "perfeito e completamente Iluminado" deve ensinar.

Revelando ao conjunto dos seres a via que permite pôr fim à transmigração, cuja idéia é resumida pelo Samsara, esta doutrina lhes mostrará que é mediante a abstenção de todo pecado, a prática do bem e a purificação do pensamento que, progredindo na meditação, eles alcançarão o conhecimento justo que os conduzirá ao *nirvana*, estado inefável de não-renascimento.

Sentado, com as mãos juntas no regaço, o Buda está em meditação, mas nada em sua atitude permite discernir se a imagem é de um Buda do passado, do Buda histórico ou mesmo a do Amitabha, "Brilho infinito", um dos budas mais populares do *Mahayana*, sempre representado desta maneira. Portanto é o contexto que permitirá definir a identidade da imagem. Este Buda da arte Gandhara (à esquerda, no alto) é sem dúvida o Buda Gautama, porque seu pedestal mostra os dez Budas do passado na mesma postura. O mesmo ocorre com a imagem pintada no Sri Lanka no século XIX (ao lado), uma vez que somente o Gautama adquiriu a Iluminação sob a figueira, árvore que aqui aparece estilizada.

Na Tailândia, o rei Rama III (1824-1851) implementou um vasto programa de construção e restauração de templos búdicos, que permitiu um excepcional progresso na pintura mural. Desse modo, em 1850, foram executados em Thonburi, defronte a Bangcoc, as pinturas de Wat Thong Thammachat que, embora não façam parte das maiores obras do reino, ainda assim apresentam tanto encanto quanto interesse, ao mesmo tempo respeitando os princípios tradicionais dos afrescos tailandeses clássicos. As três cenas aqui reproduzidas ilustram os episódios determinantes na trajetória do Buda. Primeiro é (primeira página dupla) a "lição das três cordas", durante a qual Indra, tocando o alaúde, convence o Bodhisattva a escolher a via intermediária que, afastada de qualquer excesso, só lhe permitirá progredir. Em seguida vem a oferenda do prato delicioso trazido por Sujata e sua criada para o Bodhisattva sentado sob a "árvore do cabreiro". Finalmente, à esquerda, a doação do monastério do Parque dos Bambus, o primeiro oferecido ao Buda e à Comunidade nascente. Como sempre nessas circunstâncias, a dádiva é santificada pela água derramada sobre a mão do beneficiário, o Buda, pelo doador, o rei Bimbisara.

As primeiras semanas depois da Iluminação

Segundo a tradição pali, sobretudo, o Buda teria permanecido no local e nas vizinhanças imediatas do Bodhimanda durante sete semanas, dedicando-se a meditações e a diversos exercícios religiosos.

Durante a primeira semana, passada sob a Árvore da Bodhi (*açvattha*, uma árvore sagrada, a *Ficus religiosa*), em conformidade com a regra "que proíbe aos reis abandonar o local de sua sagração durante os sete dias que a seguem" (J. Filliozat), ele medita novamente sobre a "lei de produção recíproca", da mesma forma que o fizeram todos os Budas anteriores. No curso da segunda semana, depois de ter confirmado aos deuses a aquisição da Iluminação, ele dirige-se para o nordeste da Árvore da Bodhi, na região de Bodh Gaya, onde se mantém de pé, imóvel, e em contemplação, sem piscar durante sete dias seguidos. A terceira semana é ocupada em deslocamentos deste ponto ao local da Iluminação, caminhada que será repetida sem cessar ao longo dos sete dias sobre uma distância de apenas 15 metros, de acordo com o

No século III a.C., a Árvore da Bodhi foi objeto de uma verdadeira veneração por parte do rei Asoka, que mandou cercá-la com um muro com corredores internos abertos e esculpir uma laje de pedra representando o local da Iluminação. A árvore viria a morrer no século XII. Quando o budismo foi introduzido no Sri Lanka, uma muda da árvore foi levada; é desta muda que se origina a árvore que se vê hoje em Mahabodhi.

As pegadas, impressões simbólicas, do pé do Buda são um dos mais antigos objetos de adoração dos budistas. Em Bodh Gaya, centro ainda mais importante para os adeptos de Shiva e de Vishnu que para os budistas, nem sempre se pode atribuir com certeza as pegadas a uma ou outra das duas religiões.

testemunho de Xuanzang e da arqueologia (A. Cunningham); a lenda fará disso um passeio maravilhoso, indo até as "regiões dos três mil grandes milhares de mundos", como afirma o *Lalitavistara*. A quarta semana é dedicada à meditação e reflexões sobre a doutrina e sobre a obra que seria conveniente executar; ela teria como moldura uma "morada de tesouros" (*ratnagriha*) edificada pelos deuses no noroeste. Para a quinta semana, também consagrada à meditação, o Buda retorna ao local sob a árvore do "cabreiro"; nesse lugar, diz a lenda, as três filhas de Mara intervêm de novo e, desta vez, têm a revelação da decrepitude que as espera inexoravelmente.

Mahabodhi, em Bodh Gaya, o local da Iluminação, é considerado como o mais eminente dos lugares de peregrinação por todos os budistas. De fato, é ali que todos os Budas, do passado e do futuro, atingem a completa Iluminação, depois de terem vencido Mara e as forças do mal. No lugar do templo atual, no século III a.C., Asoka havia mandado construir um pequeno santuário. Um grande templo, cuja construção é atribuída por Xuanzang a um rei de Sri Lanka, o substituiu em torno dos séculos V-VI. Destruído pelos muçulmanos no século XII, foi restaurado, reconstruído e modificado inúmeras vezes, principalmente por budistas birmaneses, que lhe deram a silhueta atual, preservada pelas restaurações posteriores.

O Buda é geralmente representado sentado sobre os anéis do rei Naga, como se os artistas tivessem sentido aversão por evocar o contato da serpente com o corpo do Bem-aventurado. Ainda que mais fiel aos textos, esta imagem tardia, de origem singalesa (ao lado) é, portanto, bastante incomum. Além disso, se a Naga policéfala corresponde a uma convenção que sublinha sua alta posição, a arte do Sri Lanka a representou mais freqüentemente com uma só cabeça.

"Tomando a terra por testemunha" (acima), na Tailândia, o gesto de Buda evoca a aquisição da Iluminação em sua totalidade, desde a vitória sobre Mara à última meditação protegido por Mucilinda.

A Naga Mucilinda

A sexta semana, dedicada a uma outra meditação sob a árvore Mucilinda, às margens de um lago do mesmo nome, é a semana "de grande mau tempo": um frio e uma chuva fora de época ameaçam impedir a continuação da meditação, e talvez até mesmo comprometer a irreversibilidade da aquisição da Iluminação. Então dá-se a interferência de Mucilinda, a Naga (serpente em sânscrito) do lago, que, preocupada em adquirir méritos e lembrando-se que os Budas do passado foram submetidos à mesma prova, protege o Bem-aventurado enroscando-se em volta de seu corpo e abrigando-o com seu "capuz" dilatado. Desorientador para os espíritos ocidentais, quase ignorado por certas seitas, esse prodígio é, no entanto, considerado por numerosas outras seitas como a afirmação irrecusável da aquisição da Iluminação, o que explica a popularidade do tema atestada pelos mais antigos documentos ilustrados (*Bharhut, Pauni*) e, posteriormente, no Sudeste Asiático indianizado como um todo. Durante a sétima semana o Buda permaneceu sob a árvore Rajatana ("lugar do rei"). Foi ali que, no último dia, dois irmãos mercadores, viajando numa caravana (originários da península da Malásia ou da região dos báctrios), chamados Trapusha e Bhallika, ofereceram-lhe alimento. Logo a seguir, cada um dos deuses guardiães dos pontos cardeais lhe oferece uma tigela de material precioso, que o Buda sente-se obrigado a recusar, pois só concebe receber alimentos em tigelas de esmola. De modo que, então, eles lhe oferecem quatro tigelas de pedra; o Buda as recebe e as transforma, moldando-as em uma única tigela, para que cada um dos deuses receba o mérito de sua oferenda. Agora o oferecimento dos irmãos viajantes pode ser aceito, e estes, ainda que não tendo recebido ensinamentos, "encontram refúgio no Buda e no *Dharma*". E o Bem-aventurado entrega a esses primeiros convertidos aparas de unhas e de cabelos, relíquias sobre as quais, ao retornarem a seu país, construirão um *stupa*.

O retorno à vida normal é assinalado pela aceitação do alimento oferecido pelos viajantes. Ele então prepara a decisão seguinte de dispensar o Ensinamento. A pintura tailandesa abaixo representa o Buda "sentado ao estilo europeu"; convenção geralmente adotada quando este aceita uma oferenda, que permite o testemunho de sua benevolência para com os ofertantes por meio de uma leve inclinação. O Buda segura uma tigela de esmola, igual às dos monges budistas: as tigelas de pedra oferecidas pelos deuses dos Orientes já foram aceitas e fundidas em uma única tigela.

Pode o Dharma ser ensinado?

Depois de retornar à árvore da Ajapala, o Buda sonha com o ensinamento da doutrina, tão necessário a todos os seres, mas de tão difícil compreensão, difícil a tal ponto que ele próprio levara tanto tempo para descobri-la... Não havia um mestre a quem consultar em sua indecisão! É então que Brahma Sahampati vai se juntar a ele e, convidando-o a considerar este *Dharma* como seu mestre, exorta-o a vencer suas hesitações. O Buda permanece em silêncio, mas logo uma imagem vai se impondo sobre seu espírito e induz sua aceitação: um lago de lótus, cujas flores estão por vezes tão profundamente submersas que jamais alcançarão a superfície, por outras erguidas e desabrochadas em plena luz e por outras ainda, finalmente, quase chegando à tona. As primeiras não conseguirão desabrochar, ao passo que as segundas já o fizeram; bastaria muito pouco para que as últimas pudessem despontar e florescer.

A primeira Prédica é com freqüência identificada pela presença de gazelas (às quais o local devia seu nome: bosque das gazelas) emoldurando a Roda do Dharma, que é seu símbolo. Essa Prédica, em teoria, só teria tido como ouvintes humanos os Cinco monges do "grupo feliz", mas textos e imagens mostram que os deuses, que tanto haviam insistido para que a Lei fosse ensinada, tinham voltado a se reunir a fim de aproveitar o enunciado que "permite auto-orientação".

Os seres também podem ser divididos em três grupos: aqueles que são prisioneiros do erro e das falsas doutrinas, aqueles que encontraram a verdade e, finalmente, aqueles que ainda procuram o caminho. Os do primeiro grupo ainda não discernem o caminho, ao passo que os do segundo já se encontram nele; tanto uns como outros não esperam quase nenhum ensinamento. Em compensação existe uma multidão de seres que hesitam com relação à escolha do caminho e a quem muito pouco poderia bastar para salvar. Será para esses que o Buda ensinará a Lei.

Quem escolher para ouvinte?

Quem seria mais apto a apreender o ensinamento? Inicialmente Buda pensa em seus mestres efêmeros, primeiro em Udraka e depois em Arada, mas seu "olho divino" revela que todos os dois haviam morrido recentemente. Seu pensamento então se volta para os cinco companheiros que o haviam deixado, quando renunciara às austeridades, e decide ir se juntar a eles, nas proximidades de Benares, onde se encontravam reunidos. No caminho, ele encontra um asceta mendigo itinerante, a quem declara ser um *jina* ("vencedor"), mas ainda não é compreendido. Chegando à margem do Ganges, sem meios para pagar a passagem ao barqueiro, ele atravessa o rio graças aos poderes sobrenaturais que só utiliza muito excepcionalmente e prossegue até o Mrigadava ("bosque das gazelas", também chamado de Rishipatana, isto é, "queda dos ascetas"), onde estão seus antigos condiscípulos. Estes, que ainda não compreenderam sua mudança de opinião, fingem ignorar sua aproximação. Mas, quanto mais vai diminuindo a distância que os separa, mais os cinco sentem-se pouco à vontade. Esquecendo a

Para a Índia a designação "lótus" engloba a flor de lótus verdadeira e os nenúfares, que se distinguem somente pela cor e pelo fato de que alguns desabrocham de dia e outros à noite. Apresentados como assentos ou suportes dos Budas e dos Bodhisattva, eles fornecem um dos elementos essenciais das representações. O tantrismo os assimila no coração "no interior da cidade do corpo", de fato, no sexo feminino, ao passo que a poesia lírica exalta sua beleza sem cessar.

resolução que haviam tomado, levantam-se para ir ao encontro de Buda, a quem desejam as boas-vindas e cumprimentam o "reverendo" (*ayushmant*) Gautama por seus "sentidos perfeitamente dominados, pela pureza de sua tez"... O Bem-aventurado lhes comunica que não é mais o "reverendo" Gautama, e sim um *Tathagata*, termo que ao que tudo indica eles conhecem, mas cujo sentido os exegetas ainda discutem. Entre os oito, na verdade, 16 significados propostos pelos comentários, decorridos em torno de 15 séculos, eis alguns dos mais freqüentemente conservados: "o que partiu [como os Budas do Passado]", "o que chegou a [dizer] assim é", ou "aquele que alcançou a Verdade". Seja como for, acrescentando ainda que ele é o Buda "onisciente, que tudo vê, liberto das impurezas e que domina todas as leis", ele anuncia que ensinará pessoalmente o Dharma e que eles, os Cinco do "grupo feliz", serão seus primeiros ouvintes.

O sermão de Benares

O primeiro sermão, ou o Sermão de Benares, consagrado à explicação das Quatro Nobres Verdades, é com freqüência designado como "o giro inicial da Roda do Dharma (Lei)", expressão que aparece desde o fim do século III d.C. no *Lalitavistara* e um pouco mais tarde nos comentários em pali. Mas esta imagem já havia se imposto bem antes disso, uma vez que representa, sistematicamente, a Boa Lei e o ensinamento do Buda em toda a iconografia búdica antiga, do reinado de Asoka até os séculos III-IV depois de Cristo. O simbolismo é inequívoco: da mesma forma que o disco solar ilumina o mundo, a Roda, que representa o Dharma e o Buda, Luz do mundo, brilha para todos os seres. A sublinhar ainda que a Roda (*cakra*), primeiro dos tesouros do monarca universal (*cakravartin*), guia o monarca universal e que

Este gesto do Buda evoca o primeiro sermão. É definido como sendo o gesto da Roda do Dharma (que é posta em movimento). Exceto no sul da Índia e na península da Indochina, as representações do Buda desse tipo são muito numerosas.

uma de suas principais atribuições na perspectiva búdica consiste em difundir a Boa Lei "para o bem de todos os seres".

Diante do anúncio desse primeiro sermão, terceiro dos grandes milagres do Buda, manifestam-se os mesmos grandes prodígios que nos milagres precedentes. Estamos na noite de lua cheia do mês de *ashadha* (junho-julho). Durante a primeira vigília, o Buda mantém-se em silêncio. Na segunda, ele explica por que o ascetismo excessivo deve ser evitado e por que o religioso, afastando-se de todas as "vias extremas", deve se dedicar à "via intermediária". Ao longo da terceira vigília, ele expõe a doutrina, a Boa Lei que marca o princípio do Ensinamento bem como, em virtude da adesão dos primeiros discípulos que se segue, o princípio da Comunidade (*sangha*). Ajnata Kaundinya será o primeiro dos Cinco a apreender o alcance do Ensinamento e, convertido, alcançará a qualidade de *arhant*, santidade que conduz ao *nirvana*. Os quatro outros só a alcançarão passados cinco dias, depois de terem ouvido um sermão sobre a impermanência e o "não-eu". A partir de então, a Comunidade existe e o ensinamento será dirigido a todos.

A Roda do Dharma, símbolo da Doutrina e de seu Ensinamento desde o reinado de Asoka, deixou de ser representada na Índia a partir dos séculos V-VI. Curiosamente, somente no antigo reinado de Dvaravati (Tailândia) é que ela deveria conservar do século VII ao século IX uma importância excepcional. Por vezes, tendo dimensões muito grandes (de até cerca de dois metros de diâmetro), era erigida no alto de uma pilastra, geralmente emoldurada por gazelas, alusão clássica ao primeiro sermão. Algumas Rodas, conforme mostrado acima, têm inscrições que fazem referência à Doutrina.

Tendo decidido "prender-se à Lei (Dharma) que ele próprio havia descoberto, para honrá-la, respeitá-la e servi-la", o Buda se entregará até o limite de suas forças a dispensar o Ensinamento, pois numerosos são aqueles que, "se não ouvirem a pregação do Dharma", estarão perdidos. Desse modo, ele indica aquele que constituirá um dos deveres fundamentais do budismo: fazer a dádiva do Dharma.

CAPÍTULO IV

ENSINAMENTO E PEREGRINAÇÕES

Dois gestos bastante diferentes evocam uma mesma realidade: o Ensinamento dispensado infatigavelmente pelo Buda durante 45 anos. À esquerda, uma pintura mural do século V ou VI o representa, sentado sobre uma flor de lótus, na postura chamada "de argumentação". O baixo-relevo à direita (arte de Amaravati, século III) o faz esboçar com a mão direita um gesto de acolhida dirigido a seus ouvintes.

O Buda agora completou 36 anos. Durante 45 anos, até sua Extinção Total, ele percorrerá a bacia do médio Ganges, acompanhado por discípulos, pedindo apenas o que comer a cada dia e dispensando o ensinamento sem discriminação. Apenas as estações das chuvas (*varsha,* de junho-julho a outubro-novembro) interrompem as peregrinações, devido às dificuldades de deslocamento. Durante esses períodos, religiosos e leigos recebem o ensinamento no local escolhido para o retiro. Nessas ocasiões é que os *Jataka* foram narrados pelo Bem-aventurado. Ainda que o retiro sedentário, imposto pelo clima, tenha dado à vida monástica seus primeiros quadros, convém observar que, tão logo encerrado o retiro que se seguiu à Iluminação, o Buda convidou seus monges a ganharem a estrada, separadamente, para disseminar de forma mais ampla a Boa Lei pelo bem "do maior número possível".

O progresso das conversões

Os Cinco do "grupo feliz" já haviam optado pela vida de monges itinerantes quando conheceram aquele que deveria tornar-se o Buda. O primeiro leigo convertido que se tornou religioso foi Yashas, filho de um tesoureiro de Benares que, decepcionado com o luxo e os prazeres de sua adolescência, foge para "buscar refúgio no Buda, no Dharma e na Comunidade". Depois de terem procurado e encontrado o filho entre os monges, o pai e a mãe de Yashas tornam-se os primeiros adeptos leigos (*upasaka* e *upasika*). Em pouco tempo a comunidade contará com 60 monges. É importante notar que os dois primeiros convertidos,

Este vaqueiro e seu rebanho (página à esquerda), representados em um afresco da Ásia Central, recordam que o Ensinamento endereçava-se a todos, e que a única questão era que ele fosse compreendido.

Em virtude da instrução que recebem e a partir de sua admissão na Comunidade e da disciplina de vida a que se submetem, os monges estão especialmente aptos a compreender a amplitude do Ensinamento, que por sua vez, depois, disseminarão. Sentado sobre um lótus, envolto por uma aura resplandecente, o Buda dispensa o Ensinamento numa postura de intimidade. Os monges ou os discípulos com freqüência são apresentados, como abaixo, em procissão com as mãos juntas, não em atitude de prece, mas de respeitosa devoção.

antes mesmo da Prédica, eram mercadores de caravana, cuja origem indiana nem sequer é certa. Yashas e seus pais, ainda que muito ricos, nem por isso deixavam de ser *vaisya*, isto é, pertencentes à casta dos negociantes, que controlavam o comércio. Logo, a conversão do barbeiro Upali, um *sudra* (da casta dos criados e camponeses), futuro grande discípulo, provará como o budismo vai se estabelecer à margem do sistema de castas.

Ao final da estação das chuvas, enquanto os monges partiam para pregar, cada um seguindo para uma direção diferente, o Buda retorna a Uruvilva. Pelo caminho, ele converte um grupo de 30 jovens pândegos, convidando-os a "buscarem a si mesmos". Em Uruvilva, a conversão dos três irmãos Kashyapa, mestres do bramanismo, e de seus discípulos, por sua amplitude e pelo número dos convertidos se reveste de uma excepcional importância. Diante da sucessão de prodígios realizados pelo Buda, as conversões se multiplicam; tornando-se amplas, depois de ouvido o Sermão sobre o Fogo, pronunciado nos arredores de Gaya, no alto da colina de Gayashirsha: por meio desse sermão, o Buda se aplicou a demonstrar que tudo no mundo é inflamado pela paixão e que somente aquele que segue o caminho óctuplo pode alcançar a independência suprema;

Os estandartes de tecido, pintados com cenas edificantes, desempenham um papel importante na arte budística, que vai se inspirar na tradição dos antigos ou das escolas mahayânicas. A pintura em tecido, à esquerda, bastante representativa da arte da Tailândia do século XIX, apresenta o Buda fazendo o gesto que "pacifica, que tranqüiliza", também nos fala da "ausência de temor", expressão que poderia se prestar à confusão, uma vez que o temor é um sentimento que o Buda em nenhuma circunstância é capaz de sentir... A imagem central é ladeada pela dos dois grandes discípulos, Shariputra e Maudgalyayana, sempre apresentados em postura de adoração, simétrica, e ligeiramente inclinados. No céu, duas divindades; elas estarão sempre presentes, mesmo quando não as vemos. Na parte inferior do estandarte, três taças e dois castiçais dispostos sobre uma mesa de oferendas. O porco e o coelho são prováveis referências ao ciclo astrológico dos 12 animais. O conjunto da composição representaria a homenagem prestada em um templo ao Buda, ao Dharma e à Comunidade, a trilogia indissociável.

todos os ouvintes deste sermão teriam alcançado o estado de *arhant*.

Os grandes discípulos

Por ocasião de sua primeira passagem por Rajagriha, Gautama havia prometido ao rei Bimbisara que voltaria para informá-lo sobre a Verdade, tão logo a tivesse descoberto. Assim, em companhia dos monges, ele se dirige para a cidade, parando para fazer um sermão no Bosque das Estipes (*Yashtivana*), o mesmo local onde havia parado na viagem anterior, e ali é recepcionado por Bimbisara, que os convida a virem ao palácio no dia seguinte, para uma refeição. Ao final da prédica, um grande número de ouvintes convertidos "entra na corrente" (*shrotapanna*). No dia seguinte, depois da refeição, o rei põe à disposição do Buda e da Comunidade o Bosque dos Bambus (*Venuvana*), onde permanecerão durante os dois meses seguintes. Durante esta estada, depois de ter

Importantes pela qualidade dos convertidos — os três irmãos Kashyapa eram brâmanes muito famosos —, as conversões de Uruvilva também foram excepcionais em termos de números: segundo os textos, os mestres teriam levado consigo entre 500 e 3.500 de seus discípulos. À esquerda, esta cópia de um afresco do século XIX, em Bangcoc, representando os irmãos Kashyapa.

Com exceção de Sankashya, mais distante ao noroeste, todos os locais onde se desenrolaram a vida e o ensinamento do Buda encontram-se na fértil bacia do médio Ganges, isto é, numa região pouco mais vasta que um quarto da França atual, permanecendo tão importante para o bramanismo quanto para o budismo: a confluência do Ganges com o Yamuna e com o "invisível Sarasvati" é definida como o "mais sagrado de todos os lugares".

tomado conhecimento da Doutrina, Shariputra decide se juntar à Comunidade, levando consigo Maudgalyayana. Até então ambos haviam sido eminentes discípulos de um dos principais mestres contemporâneos, Sanjayin, cuja adesão ao Buda e a sua Doutrina tentam em vão conseguir. Primeiros dos grandes discípulos, eles formam "o principal par de ouvintes", logo depois ganhando a companhia do brâmane Pippali. Este último, também conhecido pelo nome de Mahakashyapa, há muito tempo praticava a castidade e foi ordenado em Venuvana, imediatamente depois de ter-se prostrado espontaneamente aos pés do Buda, que precisou apenas dar-lhe três breves ensinamentos. Mahakashyapa adquiriu então um altruísmo e ascetismo particulares, sinais do importante papel que desempenharia posteriormente.

Em Rajagriha, as conversões tornaram-se tão numerosas que os habitantes o Magada ficam alarmados e, temerosos de suas conseqüências sociais, responsabilizam os monges. O Buda acalma os dois grupos, assegurando que os problemas serão de curta duração e que, de qualquer maneira, ninguém é obrigado a entrar para a Comunidade.

Viagem a Kapilavastu

Ainda que a viagem a Kapilavastu não seja registrada por todos os textos, ela teria sido feita atendendo a um pedido expresso do rei Suddhodana que, não podendo mais ignorar o renome de seu filho, já lhe teria enviado nove mensageiros sem sucesso em obter uma resposta. O motivo disso é que os mensageiros, um após o outro, bem como com suas escoltas, tomados pelo fervor religioso, haviam escolhido se juntar à Comunidade. Um décimo mensageiro chega a Rajagriha, é Udayin, filho do capelão real e companheiro de juventude do Bem-aventurado. Também ele recebe a ordenação, mas a seu pedido o Buda concorda em fazer a viagem a Kapilavastu, sabendo que agora, finalmente, sua família estaria pronta para ouvi-lo.

Apresentados de maneiras diferentes nas diversas artes búdicas (acima, uma imagem esculpida da escola de Sarnath; à esquerda, detalhe de uma pintura tibetana), o resplendor e a aura têm relação direta com as manifestações luminosas produzidas pela pessoa do Buda em todas as grandes ocasiões.

Dentre as 32 marcas do Homem eminente nas listas do cânone sânscrito, duas delas dizendo respeito às mãos e aos pés, a "marca de uma roda" e "membranas interdigitais" (página à esquerda) são com freqüência interpretadas como simples linhas referentes à quiromancia.

Esta viagem, empreendida pouco menos de um ano após ter obtido a Iluminação, na lua cheia de fevereiro-março, dura dois meses; "20 mil monges" acompanham o Buda. O rei havia se proposto a ir ao encontro de seu filho, porém desiste ao ver os monges mendicantes com quem o filho se parece, algo que fere seu orgulho. Contudo, volta atrás em sua decisão depois que Udayin o faz compreender que é tão glorioso ser pai de um Buda quanto de um monarca universal, como havia desejado. Os monges se instalam fora da cidade, como convém aos religiosos, no Parque das Banianas. Por orgulho de casta, os Sakya desejavam não ter que se inclinar diante de um monge errante, mesmo que este fosse de sua própria família. De modo a não infligir a seu pai uma provação inútil, o Buda decide então aparecer no alto de um passeadouro aéreo, permitindo aos Sakya levantar os olhos, em vez de terem que lhe prestar reverência. Na mesma ocasião, ele lhes revela seus poderes ao realizar o prodígio das "duplas aparições".

A partir do dia seguinte, apesar do fato de o Buda sair pessoalmente para mendigar alimentos, que escandaliza seus familiares, os principais membros da família Sakya se convertem, a começar pelo rei Suddhodana, seu pai. Segue-se Nanda, seu meio-

No século I a.C., o *stupa* de Sanci (acima) evoca a presença do Buda somente através de símbolos: o trono sob a árvore, as Impressões de seus pés, a Roda do Dharma... O contexto das ilustrações permite identificar o acontecimento representado. À esquerda, temos a aparição do passeadouro mágico sobre o trono, na presença do rei Suddhodana e de seu séquito, em Kapilavastu. À direita, a enchente do Nairanjana, vítimas da inundação, os irmãos Kashyapa, dentro de um barco, abandonaram os instrumentos de sacrifício, que se afastam boiando na água; o Buda caminha sobre as ondas; maravilhados, os discípulos se convertem em massa.

irmão, que convencido pelo Buda desiste do casamento que iria contrair e, ao mesmo tempo, do trono ao qual estava prometido. Nanda entra para a Comunidade para ser ordenado uma semana depois, juntamente com Rahula, filho do Buda, agora com quase sete anos de idade cuja mãe, imprudentemente, o havia encarregado de reclamar "sua herança" ao pai. Durante esta estada, "80 mil Sakya, um por família", teriam se convertido.

Aquele que se tornaria o Buda onisciente havia fugido do palácio, deixando a esposa e o filho recém-nascido enquanto dormiam. Seja porque a esposa talvez não tivesse perdido a esperança de reconquistá-lo ou, mais simplesmente, porque quis lhe apresentar seu filho, agora com seis anos de idade, ela instigou este último a procurar o pai para reclamar "sua herança", ou seja, a confirmação de seu direito ao trono. Mas para o Buda, que havia renunciado a tudo exceto à descoberta da Boa Lei, a única herança que ele poderia ter seria seu ensinamento. Conquistado pelo pai, Rahula o seguiu ao retiro, onde foi ordenado por dois grandes discípulos.

O retiro budista de Shravasti

No caminho de volta para Rajagriha, em Anupiya, na região de Malla, seis príncipes Sakya, acompanhados do barbeiro Upali, vêm se juntar à Comunidade. Entre os príncipes encontram-se primos do Buda, dentre eles Ananda, que seria seu futuro assistente, e Devadatta. A ordenação de todos foi realizada ao mesmo tempo.

Durante essa breve temporada passada em Rajagriha, um rico comerciante, conhecido

principalmente pelo nome Anathapindada, que se havia convertido depois de ter visto e ouvido o Buda, solicitou sua ida a Shravasti. O Bem-aventurado concordou em ir, impondo como única condição que ele e os religiosos pudessem dispor de um local para residência que ficasse próximo, mas fora da cidade.

Em Shravasti, capital do reino de Kosala, governava o rei Prasenajit, cunhado do rei Suddhodana, que sempre respeitaria o Buda e lhe daria provas de uma amizade inquebrantável, ainda que sua conversão não pareça comprovada com total certeza. De modo que a escolha, a aquisição e construção do primeiro retiro de Shravasti, o

Jetavana, ou "Bosque (do príncipe) Jeta", deveram-se, exclusivamente, à generosidade de Anathapindada. Considerado como o centro do saber, o *Jetavana* viria a tornar-se o mais célebre dos monastérios e, no local reservado para a instrução dos monges, a cela do Buda, a *Gandhakuti*, ("cela perfumada") seria definida no Comentário de Buddaghosa como um dos Quatro Lugares Imutáveis, sendo os três outros: o Lugar da Iluminação, aquele onde se deu o Giro Inicial da Roda do Dharma e o da Descida do Céu, em Sankashya.

O budismo e as mulheres

Passados cinco anos, mais uma vez em Vaishali, o Buda é informado do fim iminente

Shravasti, capital de Kosala, era uma das seis cidades mais importantes da Índia nos tempos do Buda e só viria a ser fortificada um pouco mais tarde (na página da esquerda, suas ruínas). Cenário de numerosos grandes acontecimentos ao longo da vida do Buda, o parque de *Jetavana*, adquirido pelo comerciante Anathapindada em troca de uma quantidade exorbitante de ouro, viria a tornar-se a principal residência do Mestre e de sua Comunidade. À esquerda e acima, respectivamente, uma pintura tailandesa do século XIX e um medalhão esculpido sobre uma pilastra de Bharhut, no século II a.C., evocam os dois a mesma cena: os empregados do ofertante carregando as incontáveis peças de ouro para o pagamento do parque. Os textos falam abundantemente deste elevado lugar do saber, de sua consagração e das diversas construções que nele foram erguidas. Com o tempo, tornou-se hábito nas regiões búdicas chamar de "Jetavana" cada um dos monastérios mais importantes para a formação de monges e para a edificação de fiéis. Foi assim que Angkor Vat, no Camboja, célebre templo vishnuísta que, por volta do século XV, se tornaria importante monastério budista, por muito tempo levaria o nome de *Jetavana*...

do rei Suddhodana, seu pai. Imediatamente vai para junto dele, "lançando-se pelos ares", para dar-lhe um último ensinamento. (O budismo sempre insiste na importância dos deveres filiais. Os pais são sagrados e os filhos devem honrá-los mesmo depois da morte. Avida familiar também é louvada e os deveres dos maridos para com suas esposas são precisados com exatidão.) Desse modo o rei Suddhodana morre, tendo sido o primeiro leigo a ter alcançado o estado de "perfeição" (*arhattva*).

Mahaprajapati, a tia do Buda que o havia criado, nessa ocasião teria pedido para ser admitida na Comunidade. Ela inicialmente recebe uma recusa, uma vez que o bramanismo, em princípio, não admite o acesso de mulheres à renúncia e que o Buda jamais desejou contrariar seus contemporâneos. De modo que foi necessária a intervenção de Ananda, recordando como ela havia sido devotada no passado, para que ele se mostrasse mais flexível, abrindo a Comunidade às mulheres, submetendo-as contudo a uma regra mais severa e colocando-as sob a autoridade dos monges. Enquanto o Buda parece tão atencioso com relação aos deveres para com seus pais, sua frieza com relação a esta tia que o criou pode nos causar espanto... Mas sua oposição é apenas aparente e reflete sobretudo seu respeito pela ordem estabelecida. A atitude budista acerca das futuras religiosas responderá, antes de qualquer coisa, à preocupação de respeitar a tradição indiana, que impõe que a mulher viva sempre na dependência de um membro da família de sexo masculino. Mas também pode ser que lembranças pessoais do Buda, especialmente ligadas aos ataques de Mara, o tenham feito temer os riscos que a "magia das mulheres" poderia representar para uma comunidade ainda recém-criada.

Se as mulheres, pela sedução que podem exercer por sua própria natureza, correm o risco de ser um perigo para os "renunciantes" em busca de salvação, também ocorre, como provam as tentativas feitas contra o Buda, que elas sejam instrumentos infelizes de maquinações urdidas pelos homens. O

Bodhisattva, no curso de suas existências anteriores, em diversas ocasiões nasceu na qualidade de mulher.

O "grande prodígio mágico" de Shravasti

Decorridos seis anos da Iluminação, o Buda encontrava-se novamente em Shravasti, lá estavam também os seis mestres de doutrinas mais ou menos rivais, bastante conhecidos por outras fontes, que se confundem sob a denominação de "heterodoxas". Os progressos do Buda não poderiam tê-los deixado indiferentes e, sem dúvida, esses mestres nem sempre se mostraram leais com ele. Uma vez que uma confrontação parecia necessária, ela ocorre num debate público na presença do rei Prasenajit. E ainda que o Buda tivesse recentemente proibido aos monges recorrer aos poderes mágicos para converter, convidando-os a empregar somente a compaixão e a sabedoria para este fim, "um grande prodígio mágico" segue a discussão, repetindo e ampliando o ocorrido alguns anos antes em Kapilavastu.

Relatado de diferentes maneiras pelos textos, conserva com freqüência a denominação de "prodígio da mangueira", seja porque uma mangueira foi seu cenário, seja porque ela teria surgido miraculosamente pela vontade do Bem-aventurado. Este realiza os "milagres gêmeos" (produzindo alternadamente fogo e água), depois cria e multiplica imagens de si mesmo, nas quatro posturas: de pé, caminhando, sentado e deitado. Ao final desta demonstração, a derrota dos "heterodoxos", provavelmente acelerada pela intervenção de forças sobrenaturais, é completa e um deles,

Purana, se suicida por afogamento. O prodígio de Shravasti pertence à série dos quatro grandes milagres, cuja lista se acrescenta à série dos quatro milagres primordiais (último Nascimento, a obtenção da Iluminação, o Giro Inicial da Roda do Dharma e a Total Extinção).

Visita ao céu de Indra e ensinamento

A visita ao céu de Indra, chefe dos deuses Trinta e Três (uma referência a seu número), constitui um dever para todos os Budas. Depois de ter realizado o "grande prodígio mágico" em Shravasti, o Bem-aventurado vai para lá a fim de passar os três meses da estação das chuvas (a sétima depois da Iluminação) e ensina a Doutrina "pura e simples" à sua mãe, renascida entre os deuses sem ter podido se beneficiar do ensinamento. Um número considerável de divindades se reúne em torno do Buda, que ensina sentado no próprio trono de Indra.

Se a ascensão ao céu de Indra parece não ter tido nenhuma testemunha, o retorno se daria, ao final da estação, diante de um dos portões de Sankashya, na presença de uma imensa multidão. No

O "grande prodígio mágico" realizado em Shravasti na presença do rei Prasenajit, escolhido para árbitro, iria permitir a destruição dos chefes das seitas rivais, "heterodoxas", hostis ao sucesso do Buda e de seu Ensinamento. Através dos tempos, o vencedor desse tipo de discussões públicas investia-se de maior autoridade. Como tratava-se de impressionar o povo, simples debates oratórios não seriam suficientes. De modo que o Buda faria a demonstração dos poderes sobrenaturais que dominava, ainda que sempre tivesse rejeitado essa prática. Ele realizará inicialmente os milagres "geminados", consistindo em fazer brotar, primeiro juntos, depois alternadamente, água de seus pés e chamas de seus ombros (milagre ilustrado pela escultura ao lado). Depois será o prodígio da "mangueira", em cujas folhagens aparecerão imagens simétricas de si mesmo, nas quatro posições registradas pela iconografia: de pé, caminhando, sentado e deitado. À esquerda, a pintura tailandesa datada de 1734 ilustrou apenas três dessas posições.

momento em que o Bem-aventurado, acompanhado por diversos deuses e descendo uma escada de construção divina, põe o pé no solo, toda a assembléia obtém a visão clara dos "mundos visíveis", desde o terceiro estágio do mundo da meditação de Brahma até o inferno de Avici, o mais profundo... Apesar de seu caráter altamente mítico, o Prodígio, que se insere entre os oito grandes milagres, é um dos que foram relatados com menos divergências no conjunto dos textos.

Os últimos sermões

Para seus contemporâneos, o retorno do céu de Indra parece ter marcado o momento em que o Buda, a Doutrina e a Comunidade desfrutavam de maior autoridade. Isto só poderia resultar em novas dificuldades, refletindo o ciúme e a inveja de outros.

Ao longo de cerca de 37 anos que são marcados com mais freqüência por torpezas do que por progressos evidentes da comunidade e dos fiéis, certos períodos parecem a tal ponto desprovidos de acontecimentos notórios que alguns autores chegaram até a se interrogar sobre a duração real da Última Existência e a sonhar com um prolongamento, intencional, de 15 anos para alcançar a "duração mínima de uma vida humana plena". Mas a ausência de fatos marcantes nada tem de verdadeiramente surpreendente. As ocasiões de conversões de grande repercussão não são infinitas, ainda menos o são as de fazer milagres. Como seria ceder ao comodismo inventar algumas anedotas maravilhosas, preferimos considerar, acompanhando a opinião de J. Filliozat, que o silêncio dos textos é testemunho da probidade de seus autores.

Desse modo, assinalaremos apenas alguns episódios, dois dos quais inserindo-se entre os

Sentado sob a árvore maravilhosa plantada diante da assembléia dos deuses, o Buda revela a Boa Lei a sua audiência que até aquele momento não tinha podido escutá-lo. (Acima, baixo-relevo de Bharhut, século II a.C.)

grandes milagres. Os outros seriam reveladores da perfídia dos desígnios das seitas rivais. Pouco depois do retorno a Sankashya, quando o Buda passava uma temporada no *Jetavana,* Cinca, adepta de uma seita errante, foi induzida por seus mestres a comprometê-lo, fingindo estar grávida por obra dele. Mas a infeliz exagerou; querendo ser convincente, sua astúcia voltou-se contra ela e, quando fugia do *Jetavana*

A Descida do Céu através de uma maravilhosa escada tripla foi tema de predileção para os pintores da península da Indochina que se compraziam em exaltar a serenidade do Buda e a alegria cheia de fervor dos deuses.

debaixo de vaias, a terra se abriu sob seus pés, lançando-a no inferno mais profundo. Tempos depois, ainda no *Jetavana,* foi urdida uma maquinação análoga, ainda mais maquiavélica, desta vez tomando como instrumento Sundari ("a Bela"), cujos despojos mortais foram encontrados, enterrados, perto da cela do Buda, a *Gandhakuti.* Contudo, os autores deste complô não conseguiram provar as acusações contra o Bem-aventurado e seu crime foi punido pela justiça dos homens.

O milagre da floresta de Parileyyaka

No sétimo ano após a Iluminação, duas conversões mostram sobremaneira como a Lei se dirige a todos e como é grande seu poder, mesmo sobre os seres mais vis: primeiro, a de Yaksha Alavaka, ogre de poderes imensos, que aterrorizava toda uma cidade, e depois,

O retiro do Buda na floresta de Parileyyaka, próximo de Kauçambi, ocupa um lugar importante na devoção do Sudeste Asiático (à direita). O auxílio e a veneração oferecidos ao Buda por um elefante solitário e por um macaco valeram a estes dois seres nascidos na "condição desafortunada" de animais — desafortunada, porque não têm a faculdade de discernir o bem do mal — o prêmio de renascer quase que imediatamente no céu de Indra, que lhes abria a partir de então a via da salvação.

Que uma criança, não tendo nada mais a oferecer ao Buda que mendigava sua alimentação diária, o presenteasse com um punhado de poeira pode parecer irrisório, senão chocante. Apesar disso, os escultores de Ajanta julgaram a cena edificante. Pois, para o budismo, a intenção com que um ato é decidido tem sempre mais importância do que seus resultados, com freqüência aleatórios.

Transitórios, para o budismo, os infernos são espécies de purgatórios onde os seres, antes de renascer, colhem uma retribuição imediata das faltas cometidas pela violação consciente dos preceitos morais. Sua representação (à esquerda) incita os fiéis à vigilância moral.

quatro anos mais tarde, a do bandido Angulimala ("guirlanda de dedos cortados"), filho desencaminhado de um brâmane a serviço de um senhor perverso.

Durante o décimo ano, fazendo um retiro sozinho na floresta de Parileyyaka, o Buda pôde apreciar a companhia e a assistência devotadas de um elefante solitário e de um macaco. Uma grande popularidade é atribuída a este prodígio, em virtude do fato de realçar, ao mesmo tempo, o interesse do retiro solitário na floresta e o bem que traz a todos os seres a convivência com o Buda.

As perfídias de Devadatta

Foi no curso do trigésimo sétimo ano depois da Iluminação, por volta da

ocasião em que morreu o rei Bimbisara, que Devadatta acreditou que poderia enfim se livrar do Buda, este primo invejado ao longo de tantas existências e agora odiado. Inicialmente, ele tenta se impor no comando da Comunidade "em virtude da idade muito avançada" do Buda que, conhecendo muito bem os pensamentos de todos os seres, sabe recusar seu consentimento. Devadatta decide então recorrer a meios mais rápidos: o assassinato, por "matadores assalariados", mas, tocados pela visão do Bem-aventurado, estes se convertem; depois, o acidente provocado, um rochedo rolando pelas encostas do Gridhrakuta ("Pico dos Abutres") no momento da passagem do Buda, mas a pedra erra o alvo e provoca apenas um ligeiro ferimento. Diante do

O artista tibetano dá uma versão (acima) que pretende ser convincente da subjugação do elefante Nalagiri, domado pelos leões saídos dos dedos do Buda. Seria esquecer o poder infinito de sua benevolência, tão evidente no baixo-relevo de Amaravati (página da direita, no alto), onde contrastam o terror suscitado pelo elefante "matador de homens" e sua submissão à serenidade do mestre.

fracasso das tentativas humanas, Devadatta então apela para o furor irracional de um animal. O objeto de sua escolha é Nalagiri, um elefante de guerra, que é deixado solto, embriagado, nas ruas de Rajagriha no horário da saída diária para mendigar alimentos. O terror é geral, mas o Buda permanece impávido e Nalagiri, tocado por sua afabilidade e benevolência (*maitri*), se ajoelha a seus pés; curado de sua loucura assassina, dali por diante se contentará com uma vida de elefante "de parque". Este outro grande milagre, a submissão de Nalagiri, conheceu uma notoriedade especial.

Apesar de tudo isso, Devadatta parece não ter renunciado. De modo que será responsável pela criação de um cisma, cujos traços ainda subsistiam na época em que os peregrinos chineses visitaram a Índia. Seja como for, ao final de uma longa e dolorosa doença, ele renasceria "no inferno Avici".

Mais preocupados com a plástica do que com a espiritualidade, os artistas de Gandhara foram seduzidos pela cena (abaixo) do encontro entre o Buda e os matadores pagos por Devadatta. Ainda que se possa lamentar a presença do guarda-costas, armado com um raio, que o escultor achou que deveria incluir, à esquerda do Buda, é evidentemente à pessoa de seu superior que cedem as intenções assassinas.

O Buda chegou ao derradeiro ano de sua última existência. Sabendo que seu fim estava próximo, ele se dedica a seguir o Ensinamento, a aconselhar a todos, em particular à Comunidade, que brevemente será privada de seu guia. "Eis-me aqui, um velho debilitado; estou chegando ao fim do caminho; [...] sede para vós próprios vosso abrigo; não tenhais outra luz guia que não a Lei, nem outro refúgio que não a Lei."

CAPÍTULO V
A GRANDE E TOTAL EXTINÇÃO

Sob a abóbada das árvores *sala* espontaneamente floridas, o Buda deitou-se "em plena consciência", na presença de discípulos e de deuses. E pela última vez seu corpo cerca-se de uma aura de cinco cores que podem evocar o arco-íris: o laranja, o branco, o vermelho, o amarelo e o azul, que aparecerão bem mais tarde no estandarte búdico.

As últimas peregrinações

Servidor infatigável da Lei, o Buda multiplica seus deslocamentos apesar do declínio de suas forças. Deixando Rajagriha em companhia de um grande grupo de monges, dirige-se para Pataliputra, onde haviam sido iniciadas as obras de fortificação, cuja futura grandeza ele prevê. Ali faz uma pregação sobre os benefícios da moralidade para a população. Depois, numa viagem feita em quatro etapas, o grupo segue até Vaishali e aceita da cortesã Amrapali o oferecimento de uma refeição e a doação de um parque. Em seguida, o Buda vai sozinho com Ananda rumo a Venugrama ("aldeia dos bambus"), para o retiro da estação das chuvas. Gravemente enfermo, o Buda, sabedor da iminência de seu fim, revela a Ananda que a Comunidade dali por diante deverá se apoiar somente na Lei.

Por volta dessa época morrem os dois grandes discípulos Shariputra e Maudgalyayana: o primeiro, de doença, durante uma visita que fazia à mãe; o segundo, 15 dias depois, vítima de uma emboscada atribuída aos "heterodoxos"; ele teria encontrado forças para se arrastar até junto do Buda para expirar a seus pés, seguro de assim entrar no *nirvana*.

Quando na presença do Buda, Prasenajit, rei de Kosala, começa a se prosternar diante dele: não se poderia reconhecer mais claramente a superioridade da dignidade espiritual sobre o poder monárquico. Ligado ao Bem-aventurado por uma profunda amizade, e sem dúvida convertido, o rei multiplica as doações em seu favor, aceitando de boa vontade seu conselho, mesmo em questões do reino.

Pouco antes de sua morte, durante uma visita a Vaishali, o Buda recebe da cortesã Amrapali o oferecimento de uma refeição. Para aceitar seu convite ele precisou declinar o dos príncipes governantes da cidade, sublinhando mais uma vez que o valor do mérito não depende da condição de quem o oferece. Mais tarde, convertida por um sermão de seu filho, que se tornou um monge eminente, Amrapali entrou para a Comunidade das mulheres onde teria alcançado o estado de *arhant*.

"E a terra tremeu"

De passagem por Capalacaitya, local venerado de Vaishali, o Bem-aventurado teria sugerido a Ananda que lhe pedisse que prolongasse sua existência "até o fim do período cósmico". Porém Ananda, possivelmente meditando, não soube aproveitar a oportunidade a tempo, e Mara tirou partido disso para recordar ao Mestre sua promessa de "entrar no *nirvana* quando a Comunidade estivesse constituída e instruída". No mesmo instante, "com plena consciência e conhecimento, o Bem-aventurado rejeitou 'suas estruturas vitais' e imediatamente a terra tremeu"...

Preocupado, Ananda averigua a causa daquilo e, ao tomar conhecimento, experimenta ainda maior tristeza porque sua falta de atenção, ou de intuição, lhe será censurada. Convocados a se reunirem em Vaishali, os monges são exortados uma última vez a praticar toda a doutrina que lhes foi ensinada de modo que a religião viva por muito tempo. Ao final da estação das chuvas, o Buda, acompanhado por Ananda e alguns monges, retoma seu percurso pelas estradas e visita várias aldeias.

O banquete de Cunda

Chegando a Papa, o Buda e seus companheiros fazem uma parada numa plantação de mangueiras e o proprietário, Cunda, os convida para a refeição

diária. Em homenagem ao Buda, manda preparar e servir, especialmente, alguns pratos suculentos, dentre eles um verdadeiro "banquete de porco", que parece ter despertado e agravado o mal de que sofria o Mestre. Ainda que muitos autores tenham acreditado que devessem investigar a verdadeira natureza do "banquete" em questão, que incontestavelmente contribuiu para apressar um acontecimento tão esperado quanto temido pela Comunidade, devemos registrar, sobretudo, que o Buda fez questão de isentar Cunda de qualquer responsabilidade, insistindo no caráter altamente meritório de seu oferecimento. Apesar do agravamento de seu estado, ele não tarda a partir, desejoso de chegar o mais rapidamente possível a Kushinagara, escolhida como destino de sua última viagem.

De Papa a Kushinagara

A última etapa, sem dúvida de uns 30 quilômetros, será cumprida à custa de dolorosos esforços. Mais ou menos na metade do caminho, o Buda sentou-se ao pé de uma árvore; como desejasse saciar a sede e se refrescar, pediu a Ananda que trouxesse um balde de água do regato próximo, o

O artista tailandês ilustrou (abaixo, à esquerda) o episódio do "banquete de porco" oferecido pelo ferreiro Cunda, mostrando sua preparação de acordo com o costume local: o leitão sendo assado no espeto. Mas julgou conveniente ressaltar a importância do acontecimento através da presença de uma divindade da música e também de Indra, reconhecível por sua tez escura.

Kakushtha, que estava turvo devido à passagem recente de um comboio de carroças. Por meio do poder do Bem-aventurado, as águas imediatamente recuperam a limpidez.

Neste momento, mais ou menos, um príncipe Malla, chamado Putkasa, discípulo de um dos primeiros mestres de Gautama, que se encontrava na estrada a caminho de Papa, pára junto dele. O príncipe recebe o ensinamento, se converte e oferece ao Buda dois mantos "cor de ouro". Depois de sua partida, Ananda constata que "o tecido colocado contra o corpo do Bem-aventurado parecia ter perdido o brilho". Pasmo, ele pergunta qual o motivo daquele prodígio e ouve sua própria voz responder que aquilo pode se produzir em duas ocasiões: na véspera da Obtenção da Iluminação por um Bodhisattva e na véspera da Total Extinção de um Buda. Parece que teria sido um pouco mais adiante, no mesmo regato, que o Buda teria tomado um banho que reanimou suas forças e o ajudou a avançar um pouco mais em seu caminho. Novos acessos de fraqueza o obrigam a parar em diversos lugares (certos textos mencionam 25) antes de atravessar um outro rio, o Hiranyavati. A travessia deste marca a chegada à Kushinagara, capital Malla; dirigindo-se para sudoeste, rumo a Upavartana, o pequeno grupo faz uma parada num bosque de árvores *sala*.

De maneira muito decorativa, a parada do Buda às margens do Kakushtha é ilustrada em narração contínua, como uma cena se desenrolando, na Tailândia do início do século XIX (à esquerda). Ela constitui ao mesmo tempo um excelente documento sobre a vida cotidiana rural tailandesa. Convenções análogas aparecem na representação, bastante contemporânea, da cena em que Ananda respeitosamente oferece ao Buda a água que foi buscar atendendo a seu pedido (abaixo).

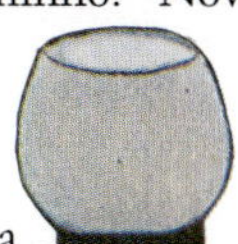

"Tudo o que existe está sujeito à morte"

Logo ao chegar, o Buda pede a Ananda que lhe prepare um leito entre duas árvores *sala* gêmeas. É ali que vai se deitar, "em plena consciência", alongado sobre o lado direito, com a cabeça para o norte e a face voltada para o oeste. Não tornará mais a se levantar, mas ainda consagra as duas primeiras vigílias da noite a instruir ou a consolar os presentes.

A Ananda, que não consegue dominar seu desgosto e que se espanta com a escolha de um lugar tão modesto para um acontecimento tão importante, ele explica que aquela cidade, que já havia visitado e que conta com tantos adeptos da Doutrina, fora também capital, em tempos antigos, na época em que era monarca universal. Ao enriquecer o relato, certos textos acrescentam que foi ali que o Buda Pushya, sétimo predecessor de Gautama, "obteve o *nirvana*". Seguem-se palavras de consolo para Ananda, a quem o Buda promete para breve, ressaltando sua devoção, a obtenção do estado de *arhant*.

Avisado do fim próximo do Bem-aventurado, o povo Malla acorre em multidões para prestar-lhe homenagem. Quem também vem é o asceta Subhadra, a quem Ananda queria dissuadir de importunar o Mestre "tão fatigado". Contudo, este último faz questão de ouvi-lo, desfazer suas dúvidas e, convertido, Subhadra teria obtido uma ordenação imediata. Esclarecendo ainda alguns pontos de disciplina de interesse para a Comunidade, o Buda convida os monges presentes a solicitarem todas as explicações que possam desejar com relação à Doutrina ou à Disciplina. Mas, para o espanto de

Nem todas as imagens do Buda deitado estão relacionadas à sua Grande Total Extinção. Na página à esquerda, no alto, mesmo muito estilizadas, as árvores acima do Buda permitem-nos identificar que a cena ilustrada é a da parada no bosque das mangueiras. Abaixo, durante seu último retiro em Beluva, nos arredores de Vaishali, o Buda já muito enfermo dá suas últimas instruções.

Informados por Ananda da morte do Buda, os Malla de Kushinagara acorrem em procissão (acima). Aqui, mais uma vez, a obra reproduzida é um precioso documento sobre o cerimonial fúnebre tailandês no princípio do século XIX.

Ananda, todos se mantêm em silêncio. Então, dirigindo-se a todos, o Buda pronuncia as seguintes palavras, que serão as últimas: "Eu vos exorto, meus discípulos, visto que tudo o que existe está sujeito à morte: dedicai-vos com diligência ao trabalho e à vossa salvação."

A Grande e Total Extinção

Ao longo da última vigília da noite, o Buda percorreu todo um ciclo de meditações que o conduziram, através de patamares sucessivos, até o "domínio da cessação da consciência e do sentimento"; "imediatamente após ele expirou".

No dia de seu aniversário de 80 anos (segundo a tradição pali), realizou-se o quarto dos grandes milagres e, como na ocasião do Último Nascimento, da Total Iluminação e do Giro Inicial da Roda do Dharma, a terra tremeu, os deuses se manifestaram e as árvores floriram espontaneamente. Em meio à multidão presente, aqueles que já haviam alcançado o estado de *arhant* demonstraram apenas recolhimento, mas aqueles que ainda se encontravam "no caminho" não puderam conter a dor: "Cedo demais o Bem-aventurado expirou, cedo demais o que 'Bem se foi' (*Sugata*) expirou, cedo demais 'o olho do mundo' extinguiu-se."

Ainda que grandes discípulos e aqueles que tinham alcançado o estado de *arhant* já tivessem obtido o *nirvana* quando ocorre a morte do Buda, seu *Mahaparinirvana,* sua "Grande Total Extinção", é um feito, pois sua perfeição se completa.

Etimologicamente, o *nirvana* é a extinção, mas também a calma, a paz. Estado sem origem, imutável, inalterável, imperecível, não é uma aniquilação, e sim um não nascimento, um não-ser, um não se tornar, um não-existir. Só podendo ser alcançado através da extinção do Eu, é um estado eterno, sem localização; fora do alcance da lógica e do raciocínio, pode apenas ser evocado, não há palavras para descrevê-lo.

Os funerais

Como as cerimônias religiosas fúnebres eram da responsabilidade de leigos e não da Comunidade, foram os Malla que as realizaram, com pompa muito especial.

A grande estátua de pé (página da esquerda) faz parte do conjunto que começa com duas imagens sentadas do Buda, uma no interior de uma gruta, a outra ao ar livre, e se completa com a imagem colossal do Buda deitado (nesta página) de Gal Vihara (ao lado). Por muito tempo este personagem ereto foi identificado como Ananda, até o momento em que se percebeu que sua cabeça apresentava um *ushnisha*, a protuberância craniana que caracteriza estrita e unicamente o Buda. Além do fato de que a posição ereta teria sido pouco respeitosa por parte de Ananda, foi necessário admitir que a imagem por sua atitude só poderia representar o Buda contemplando a Árvore da Iluminação. Todas essas estátuas eram primitivamente abrigadas por construções feitas em materiais leves e delas, atualmente, restam apenas vestígios.

Imagem do *Mahaparinirvana*, este outro Buda deitado (página da esquerda) é tema de uma iluminura posicionada no centro de um manuscrito sobre folha de palmeira, de Bihar, início do século XII. Abaixo do Buda reclinado, podemos ver os religiosos, que manifestam sua tristeza.

Reduzidos ao essencial, os fatos ligados aos funerais do Buda são sublimados pela composição ascendente desta pintura tibetana (ao lado) que, dominada pelo *stupa*, afirma o triunfo que significa, de fato, a Grande Total Extinção do Bem-aventurado.

"Mahakashyapa possuía um grande poder prodigioso e era dotado dos quatro poderes sobrenaturais. Assim, quando ele pronunciou as estrofes desejadas, a pira do Buda inflamou-se por si só, sem que lhe pusessem fogo: 'Agora queima um fogo ardente, cujas chamas são tão intensas que seria difícil apagá-lo. Através desta incineração o corpo, sem dúvida, será inteiramente consumido.' Porém a divindade das árvores *sala* estava ao lado da pira fúnebre do Buda. Tendo uma fé sincera no Caminho do Buda, ela apagou o fogo da pira utilizando sua força sobrenatural. Os Malla então comentaram uns com os outros: 'Colhamos todas as flores perfumadas que se encontrarem por toda parte, num raio de 20 léguas, em torno de Kushinagara, para trazê-las aqui e fazer delas oferenda ao corpo do Buda.'"

André Bareau, *En suivant Bouddha*

Durante sete dias sucederam-se homenagens, procissões com música, danças, oferendas de flores e perfumes. Depois de lavado, envolto em numerosas mortalhas, o corpo do Bem-aventurado foi posto, banhado em óleo, num caixão de metal, urna que serviu para seu transporte até o local da cremação.

Muitos autores se espantam com esses preparativos e disposições que reportam diretamente àqueles adotados para as exéquias de soberanos que podiam pretender à realeza universal. Isto seria esquecer, contudo, que o Buda sempre quis ser o "servidor" do *Dharma*, aquela Lei que ele havia descoberto e que assumira como seu dever fazer brilhar no mundo. De acordo com a ótica da época, este dever é o dever de um soberano. Ele o afirma nas estrofes de Saila e o *Lalitavistara* o confirma: "Exercendo o império sobre todas as leis, por causa disso, o vencedor [*Jina*], senhor da Lei, [...] depois de ter feito girar a Roda do Dharma é chamado Rei da Lei (...)"

Foi assim, portanto, que o corpo teria sido conduzido em procissão ao lugar da cremação. A pira não pôde ser acesa e comentou-se que seria ao grande

Visitando Kushinagara (acima), no princípio do século VII, o peregrino chinês Xuanzang enumerou nove *stupa*: alguns comemoravam as vidas anteriores do Buda, outros eram de inspiração mahayânica, um deles havia sido edificado depois do *nirvana* de Subhadra, o último dos monges ordenados pelo Bem-aventurado. No local onde a pira teria se inflamado espontaneamente, havia sido construído um *stupa* pelo rei Asoka. Finalmente uma placa de cobre gravada com inscrições, descoberta bastante recentemente, era originária do *stupa* construído no local da morte.

No final do século XIX, uma pintura da Tailândia setentrional (ao lado) evoca exatamente a oposição, por ocasião da morte do Buda, entre a dor sentida pelos monges ainda em busca da libertação e a serenidade daqueles que já alcançaram o estado de *arhant*.

discípulo, o "filho mais velho", que caberia fazê-lo. Não tendo podido ainda ir ao encontro do Mestre, mas informado por certos prodígios, ele se apressa a "chegar aos pés do Bem-aventurado". E tão logo chega, estes se estendem saindo da mortalha que os envolve para receber os votos. No mesmo instante, a pira começa a arder espontaneamente; ela se apagará de maneira igualmente sobrenatural.

A partilha das relíquias

Tão logo a cerimônia chega ao fim, os ossos descarnados e secos são recolhidos e levados pelos Malla, que pensam em conservá-los, uma vez que a morte e a cremação ocorreram

A extensão do culto às relíquias do Buda, sejam elas corporais, materiais ou comemorativas, resultou na criação, desde antes da era cristã, de *stupa*-relicários, freqüentemente móveis, que reproduzem, em escala reduzida, as disposições arquitetônicas dos *stupa* construídos nas diversas regiões em questão.

em sua capital. Mas diversos príncipes vizinhos também os reivindicam e há a ameaça de uma guerra. O brâmane Drona arbitra a questão e propõe que se faça uma divisão em oito partes, que seriam conservadas pelos querelantes como sua parcela na partilha. Os Mauria — ou um brâmane — de Pippalavati, que chegaram demasiado tarde, levaram os carvões da pira. Todos, em cumprimento às instruções do Buda, construíram um *stupa* sobre as relíquias recebidas. A lenda por vezes acrescenta que os humanos só teriam recebido um terço das relíquias, que os deuses e os Naga teriam dividido as duas outras. Seja como for, 230 anos depois, as relíquias pertencentes aos homens teriam sido divididas por Asoka, "monarca universal", em 84 mil partes, quando este decidiu empreender a propagação da Doutrina até os limites de seu império.

A títulos diversos, o rei dos Magadha e os chefes de seis clãs vizinhos de Kushinagara reclamaram aos Malla, "de modo que pudessem reverenciá-las", uma parte das relíquias que estes pretendiam conservar em virtude do fato de a cremação do Buda ter-se realizado em seu território. Diante da recusa destes, as preces se transformaram em exigências, logo apoiadas pelas armas. O relevo esculpido acima (*stupa* de Sanci) nos dá uma visão do que por pouco não se tornou a Guerra das relíquias.

"Ó monges, ide e ganhai as estradas, ide pelo bem de muitos, pela felicidade de muitos, por compaixão pelo mundo. [...] Pregai a Lei. [...] Pregai a Lei em seu espírito e em sua letra; mostrai na plenitude de sua pureza a prática da vida religiosa."

Divyavadana
("As citações divinas")

CAPÍTULO VI
A CONTINUAÇÃO DO ENSINAMENTO

Um religioso budista (à esquerda) deposita uma oferenda de flores aos pés de uma colossal estátua rupestre do Buda (11,85 m), esculpida em torno do século IX no Sri Lanka. À direita, o manuscrito nepalês com sua escrita estilizada sobre fundo negro, é um texto da tradição mahayânica, de inspiração tântrica, consagrado a Vasudhara, deusa da Abundância.

Depois do desaparecimento do Buda, não se poderia nem cogitar procurar um sucessor imediato para ele. Na ocasião subsistia a Boa Lei e cabia à Comunidade dar continuidade ao ensinamento pela palavra e pelo exemplo. Tendo observado a regra de aplicar seus preceitos sem cessar, o Bem-aventurado jamais quisera se impor como chefe do *Sangha*, contentando-se em dar as orientações que poderiam se revelar úteis àqueles que, ainda que pertencendo à Comunidade, levavam uma vida errante e inescapavelmente viam-se confrontados pelas agressões do cotidano e julgados por seu comportamento.

A transmissão do ensinamento

Exatamente em virtude de seu crescimento rápido, esta Comunidade não era um todo monolítico e sim, muito mais, um conjunto de grupos de tamanho variável, compartilhando uma mesma fé, mas instruídos em lugares diferentes, com freqüência em função de dados particulares, sem plano rigoroso e jamais sob forma dogmática.

Desaparecido o Mestre, cada um dos grupos sentiu-se ainda mais sozinho porque não existia nenhuma relação escrita das palavras do Bem-aventurado. Aliás, provavelmente ninguém as havia escutado na íntegra. Desse modo, parece que teria se evidenciado para todos uma dupla necessidade: preservar o ensinamento dado em palavras e em atos pelo Mestre e detalhar a disciplina da Comunidade para conter as tendências de cisma e as discussões estéreis que já vinham se manifestando mesmo quando o Buda ainda vivia. Muito embora a urgência fosse evidente para a maioria, permanecia o problema

Kushinagara escapou à Guerra das relíquias. O brâmane Drona consegue fazer com que seja aceita uma partilha em oito lotes e a serenidade é restaurada. Esta pintura do século XIX (à direita) reconstitui a atmosfera de paz. Observemos que o papel principal aqui cabe a um brâmane, mas que o próprio Indra está presente, em posição de vôo, pronto para recolher a oitava parte para colocá-la no relicário do Céu que ele governa.

Ananda, de pé, não consegue controlar a dor. Sua atitude, carregada de um comedimento inspirado pelo gestual do teatro tailandês, revela seu apego ao Mestre, mas também que ele ainda não domina seus sentimentos, não tendo conseguido alcançar o estado de *arhant*.

de encontrar a autoridade que pudesse empreender uma obra tão necessária.

Dois dos maiores discípulos já haviam alcançado o *nirvana*. Restava Ananda, muito considerado pelo Buda desde sua conversão e durante 25 anos seu companheiro de todos os instantes; sendo o mais próximo do Buda e certamente sua testemunha mais fiel, ele sem dúvida seria o mais apto a se impor a uma comunidade perturbada. Ananda, mais preocupado com o Bem-aventurado e

Os discípulos prestam homenagem à urna contendo o corpo do Bem-aventurado (ao lado). Não se manifesta nenhum sofrimento, o sentimento geral é de uma serenidade sorridente. Mais do que o desaparecimento do Mestre, eis a revelação da total "cessação da dor", a obtenção da meta perseguida por cada um deles. Nesta ótica, aqueles que "têm o espírito realmente liberado" não podem experimentar nenhuma tristeza.

com os outros do que consigo mesmo, ainda não havia alcançado o estado de *arhant.* Tendo praticado muito mais a benevolência (*maitri*) que aquela vigilância (*apramada*) facilmente egocentrista que lhe teria permitido há muito tempo aceder a este estado, logo de início ele se viu rejeitado pelo primeiro Concílio quando este, por iniciativa de Mahakashyapa, reúne 500 *arhant*.

O período dos concílios

Desde a estação das chuvas que se seguiu ao *Mahaparinirvana*, o Concílio — assembléia de religiosos de alta posição que se reúnem para regulamentar questões de disciplina ou de doutrina — se realiza em Rajagriha, numa caverna do monte

Um lugar especialmente importante na literatura Mahayana é ocupado pelos tratados consagrados à Perfeição de Sabedoria (abaixo). Considerados como sendo originários do sul da Índia, foram conservados nas regiões do norte. Seu tamanho varia de 125 mil estrofes a apenas algumas sílabas. Datado de cerca de 1145, o tratado com oito mil estrofes aqui abaixo é apresentado, como todos os manuscritos, em folhas de palmeira. As folhas são inscritas, *recto verso*, no sentido da largura; uma iluminura mais ou menos inspirada diretamente pelo contexto ocupa a parte do meio.

A insistência com que os discípulos do Buda são evocados pelas pinturas dos monastérios (à esquerda) é tanto um ensinamento para os fiéis quanto um exemplo permanente para a Comunidade dos religiosos.

Filho de brâmane, o discípulo Mahakashyapa era um homem austero e rigoroso, todas as qualidades o predispunham para o papel que desempenharia junto à Comunidade depois de convocar o concílio de Rajagriha.

Rajagriha, a "morada real", era conhecida por ter acolhido numerosos reis mais ou menos legendários. Na época do Buda, a cidade murada construída por seu amigo, o rei Bimbisara, era uma das seis principais cidades da Índia. No Pico dos Abutres, o Buda teria pronunciado um sermão que constitui um dos fundamentos do Mahayana.

Vaihara, durando sete meses. Nesse concílio Ananda é acusado de cinco erros (certos textos enumeram até dez), cometidos quando servia ao Buda. Ele se recolhe a um retiro em total solidão e em algumas horas alcança o estado de *arhant,* podendo então se juntar à assembléia, onde sua confissão pública antecipa a prática que se imporia como regra ao *Sangha*.

No que diz respeito aos pontos relacionados à disciplina, o *Vinaya,* é Upali, antigo barbeiro dos Sakya, quem será interrogado. Com relação à doutrina, as respostas de Ananda constituirão a parte essencial dos *Sutras*. O conjunto só será consignado por escrito pouco antes do início da era cristã, mas o testemunho das imagens, das quais as

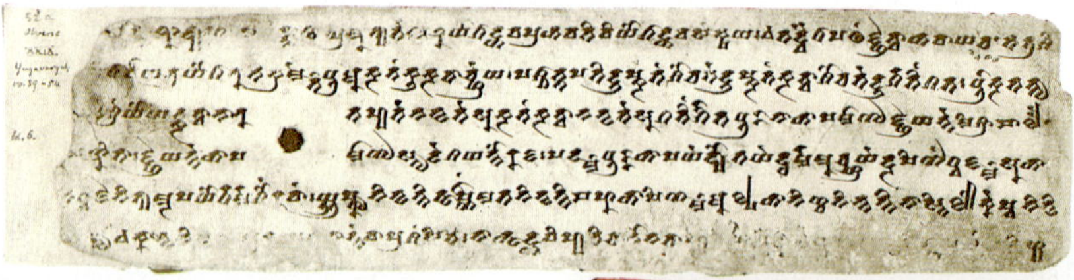

mais antigas são quase dois séculos anteriores, garante que no essencial os "Cestos" de Textos (*Sutrapitaka*) já estavam efetivamente determinados. Com o encerramento do Concílio, enquanto Mahakashyapa, à maneira do Buda, dá continuidade a peregrinações e ensinamentos (alguns destes farão parte dos textos dos cânones), Ananda assume o papel principal no seio da Comunidade. Dentre os discípulos por ele instruídos, Yashas é o mais eminente. Tendo tido o privilégio de ainda ver o Buda, ele será chamado, em uma idade avançada, para desempenhar um papel muito importante por ocasião da realização do segundo Concílio.

Na Birmânia a utilização das terracotas esmaltadas para fins didáticos é comprovada desde os séculos VIII-IX. A inscrição acima, em caracteres birmaneses recentes, convida a reconhecer o 3º concílio, o de Pataliputra, nesta ilustração de extrema esquematização.

Sobre doações de ouro e prata

O Concílio de Vaishali, convocado cerca de 110 anos depois do *Mahaparinirvana*, por iniciativa de Yashas (o que parece constituir um período de tempo bastante longo para que ele tenha podido conhecer o Buda), reuniu 700 monges. Tinha como objetivo julgar a validade de dez práticas adotadas pelos monges de Vaishali, em particular, a prática de aceitar doações em ouro ou prata de fiéis.

Condenando o conjunto dessas práticas como sendo contrárias à disciplina, Yashas viu-se excluído pelos vaishalianos. O Concílio deveria, por conseguinte, reunir os monges de Vaishali e religiosos de regiões fiéis à regra tradicional, inclusive aqueles de regiões mais distantes (Avanti, Dekkan

etc.), mais recentemente conquistadas pela Boa Lei. Um júri de oito autoridades, reunindo em número igual vaishalianos e partidários de Yashas, teria pronunciado um primeiro veredicto que, submetido ao conjunto da assembléia, ocasionou a condenação das práticas vaishalianas que se referiam às prescrições do *Pratimoksha*, coletânea de textos não canônicos tratando exatamente dos fundamentos da disciplina.

Uma doutrina para os leigos

O papel dos monges e a importância histórica dos concílios não devem fazer esquecer que a Doutrina se dirige em primeiro lugar aos leigos, sem distinção de origem nem de condição. Desde a sua formação a Comunidade foi constituída pelo *Sangha*, isto é, o conjunto dos monges (*bhikshu*) e da multidão dos discípulos leigos (*upasaka*). Se os primeiros consagram a vida ao progresso espiritual e ao ensinamento, pela palavra e pelo exemplo, do Dharma, da Lei, os segundos desempenham um papel não menos importante por sua relação com o meio familiar e a sociedade.

Ao contrário da vida em Comunidade, que impõe uma

disciplina particular, a vida leiga exige do futuro discípulo apenas que pronuncie, na presença de religiosos, sua adesão e abrigo no Tríplice Refúgio, com

Não apenas de rica decoração, as esculturas que ornam esta pilastra são sobretudo uma representação da pessoa do Buda e de seu Ensinamento, considerados em sua significação universal. Enfatizou-se que o simbolismo desta composição, começando pela Impressão dos Pés do Buda e terminando pela Roda do Dharma encabeçada pelos Três Tesouros e complementada pelo guarda-sol real, era a própria imagem da essência do Buda, confundindo-se com o Ensinamento. Esta evocação se inscreve na tradição dos Upanishad védicos. Muito mais que as primeiras imagens do Buda com aparência humana dos primeiros séculos depois de Cristo, são estas especulações e simbolismo que ajudam a compreender a emergência e os rápidos progressos do Mahayana.

A transcrição dos manuscritos búdicos, em pali ou em sânscrito, reflete as tradições locais. Na Ásia Central (página à esquerda, no alto), uma escrita inspirada na Índia Gupta foi utilizada até o século VII. Na Tailândia, excetuado o norte, bem como no Camboja, são utilizados os caracteres khmers *mul* para os textos em pali (página à esquerda, abaixo).

freqüência designado também como os Três Tesouros ou pedras preciosas: o Buda, o Dharma, a Comunidade e a observação das Cinco Proibições: não destruir a vida, não roubar, não cometer adultério, não mentir e não consumir bebidas que possam embebedar. O acesso à Via Óctupla lhe é aberto a partir de então e, como vimos, mesmo na época do Buda, os

leigos obtinham o estado de santidade dos *arhant*.

Recordemos que o budismo, exceto em suas manifestações tântricas, não impõe aos fiéis nem ritos, nem cerimônias exteriores e somente a piedade e a tradição favoreceram a celebração de certas festas ou a veneração de relíquias e de lugares santos.

A Roda "de mil raios" simboliza ao mesmo tempo o Buda e a Lei que ele ensinou. Ela marca também a sola de seus pés e de suas mãos. A Marca, ou melhor, a contra-impressão do ou dos pés do Buda tende a evocar por sua presença em um lugar a Proteção garantida pelo Buda e pela Lei.

Asoka e o budismo

Décimo segundo sucessor de Bimbisara, o soberano amigo do Buda, Asoka o Mauria teria se convertido seis ou nove anos após sua consagração como rei, por sua própria iniciativa, 218 anos após o *Mahaparinirvana*. No décimo oitavo ano de seu reinado, realizou-se um concílio em Pataliputra, a nova capital de Magadha. Sua convocação foi uma resposta ao desenvolvimento de tendências para cismas que, aliás, já haviam levado Asoka a promulgar três éditos contra os responsáveis. Mas seu empreendimento mais notável, ligado à expansão do império de modo que pudesse incluir todo o Jambudvipa, ou seja, o subcontinente indiano, foi o desejo de levar a religião para além de seus limites.

A decisão, tomada ao final do concílio, implicava enviar missionários a nove regiões. Nem todas eram "terras de missões" propriamente ditas, mas dentre os novos territórios visados seriam especialmente observadas (de acordo com as fontes em pali): Suvannabhumi (nos confins da baixa Birmânia e da Tailândia atuais), Tambapanni (no Sri Lanka), Yonakarattha (os futuros reinos gregos de Sogdiane e de Báctria) e as regiões do Himalaia. Embora fosse cedo demais para que a missão de Suvannabhumi já pudesse render frutos, as outras e, particularmente, a do Sri Lanka, conduzida por Mahinda, o filho ou irmão de Asoka, seriam convocadas para desempenhar um papel essencial na conservação da tradição por escrito. Voltando a

O monarca universal — *cakravartin*, "que possui a Roda", "que é guiado pela Roda" — mostra os mesmos sinais do Homem eminente que o Buda.

Afirmando a proteção do Bem-aventurado, os signos de caráter auspicioso são muito populares e se multiplicam a partir do século XI, o número ideal é o 108, número considerado nas especulações indianas como sendo o mais eminente.

Esta mulher indiana, ao venerar uma imagem do Buda, toca seus pés, cumprindo um ato de piedade individual que não obedece a nenhuma prescrição especial. Seu gesto evoca a *puja* brahmanista, como igualmente o fazem as oferendas de flores, incenso ou de tecidos com os quais por vezes as estátuas são vestidas.

Monumento búdico por excelência, relicário e edifício comemorativo venerado pelos fiéis, o *stupa*, contudo, não foi criado pelo e para o budismo. Suas origens se confundem com as dos *tumuli*, remontando portanto às idades do bronze e do ferro. Em tempos mais distantes, era uma construção maciça, de tijolos ou de pedras, compreendendo uma parte inferior e um domo coroado por um pilar que, ostentando degraus escalonados de guarda-sóis e de auriflamas, foi transformado, no princípio da era cristã, nesta forma cônica que caracteriza os *stupa*. O Ruvanveliseya Dagaba d'Anuradhapura (página da direita, abaixo), *stupa* singalês restaurado no século XIX, restitui bastante bem a silhueta antiga. O Bodhnath, em Katmandu (página da esquerda, no alto), sem dúvida contemporâneo, se enriquece com as ilustrações pintadas, em cada uma das faces, de dois olhos e do tufo de pêlos entre as sobrancelhas, atributo dos Budas. O estilo dos *stupa* também conheceu uma evolução de acordo com as regiões. No Ladakh, no nordeste de Cachemira (à esquerda, embaixo), foi a forma tibetana do *shorten* que prevaleceu. Na Tailândia, um desenvolvimento à altura da fórmula primitiva: ao lado, no alto, um dos *stupa* de Wat Mahathat de Sukhothai (século XIV).

Asoka, sua bondade ficou famosa. Respeitador dos preceitos do budismo, deu provas disso com relação aos "heterodoxos" (em particular com Ajivika), apesar da hostilidade por vezes manifestada contra sua fé, mesmo entre aqueles que lhe eram próximos. As mais antigas obras de arte conhecidas prestando homenagem ao budismo devem ser atribuídas a seu reinado. Ainda que reste pouca coisa dos *stupa* edificados nos locais de grandes peregrinações, alguns dos pilares que neles foram erguidos permanecem bem conhecidos, como por exemplo o capitel "dos leões", que pertencia ao *stupa* construído no local do Primeiro Sermão (hoje em dia conservado no museu de Sarnath). E, finalmente, sua lenda, a *Asokavadana* ("proezas de Asoka"), tendo sido, ao longo dos séculos, um modelo para os soberanos budistas, Asoka pôde ser considerado como o mais eminente fiel leigo, protetor e propagador, para o bem de todos, dos Três Tesouros que são o Buda, o Dharma e a Comunidade.

O grande *stupa* de Sanci foi edificado nos séculos II e I antes de Cristo sobre os vestígios daquele que Asoka havia construído próximo do final de seu reinado. Sua balaustrada de pedra, dotada de quatro portais monumentais, foi executada no fim do século I a.C., e suas esculturas, oferecidas por doadores piedosos, são obra de escultores em madeira e em marfim. Com base no princípio da narração contínua, elas põem em cena numerosos personagens. Os *Jataka*, tema principal da escola antiga, raramente são ilustrados, as cenas extraídas da vida do Buda e da história do budismo são as preferidas. Aqui ao lado, o portal oeste (face posterior) mostra sobre seus pilares o Primeiro Sermão, simbolizado pela Roda e três *stupa* evocando a partilha das relíquias. As partes inferiores das cimalhas ilustram a derrota de Mara, a obtenção da Iluminação sob a Árvore da Bodhi, a Guerra das relíquias e o cerco de Kushinagara.

Em Sarnath, no lugar onde havia sido pronunciado o primeiro sermão, Asoka mandou erguer um pilar monolítico, com cerca de 15m de altura. A parte inferior ainda encontra-se de pé *in situ*, ao passo que seu capitel (acima) é conservado no museu de Sarnath.

Os peregrinos chineses que foram "procurar o Dharma nas regiões ocidentais", a partir da segunda metade do século III depois de Cristo e até a proscrição do budismo pelos Tang em 845, são classicamente representados em trajes de viajante (ao lado), encarregados das obras que traziam para serem traduzidas e ter seu estudo difundido.

A expansão do budismo

Depois do reinado de Asoka, tão importante para o budismo, um renascimento do bramanismo se manifesta com o advento da dinastia Sunga (176 a.C.). Objeto de algumas perseguições, nem por isso o progresso do budismo foi menor no centro e no oeste da Índia (como podemos ver pelo testemunho da arte de Bharhut e de Sanci), no noroeste (regiões submetidas aos gregos, Báctria) e no sudeste (região de Andhra, Amaravati) onde prosperaram numerosas seitas.

Foi por volta do século I a.C., com as invasões Saka, dos iranianos nômades, que se iniciou a expansão do budismo em direção aos oásis da Ásia Central e do Extremo Oriente, tendo penetrado na China no século I d.C.

Os progressos do Mahayana, o Grande Veículo de Evolução, se afirmam no mesmo momento. Saída do cisma denunciado no concílio de Vaishali, sua doutrina repousa sobre especulações relativas ao sentido dos ensinamentos do Buda. Ela é considerada mais aprofundada que a dos "antigos", qualificada como Hinayana, Pequeno Veículo de Evolução. Rica numa literatura muito abundante, ela multiplica os Budas no espaço e no tempo, exalta a trajetória e o papel dos Bodhisattva e restringe a importância dos *arhant*. O sucesso foi considerável, mesmo em regiões tradicionalmente ligadas ao budismo dos Antigos.

Wat Phra Si Sanphet, o monastério da Santa Onisciência (abaixo) foi construído nos séculos XV e XVI, em Ayuthia, então capital da Tailândia, nos limites do Palácio Real. Destruído durante a tomada da capital pelos birmaneses (1767), não foi restaurado.

O declínio se inicia durante os séculos V e VI, com as invasões dos hunos, e se acelera com as invasões muçulmanas. No final do século XII, o budismo subsiste somente no sul da Índia, progride na península da Indochina ao mesmo tempo que se reforça a autoridade espiritual do Sri Lanka.

No curso dos séculos VII e VIII surgem novas doutrinas a partir de reflexões sobre o Mahayana, cuja autoridade decresce. Entre elas, o Dhyana (o Tch'an chinês, o zen japonês), fundado sobre a primazia da meditação, e o budismo tântrico, extrapolação utilizando os *tantra* (trama, doutrina mágica), como, aliás, com freqüência o faz o bramanismo contemporâneo. Recorrendo ao ritualismo, à prática de ioga, à magia, aceitando o simbolismo sexual e o dualismo erótico praticado na Indonésia, ele prevaleceu no Tibete, nas regiões vizinhas e na Mongólia. O budismo dos Antigos persiste no Sri Lanka e na península da Indochina, ao passo que as escolas mayânicas continuam a florescer no Extremo Oriente, em particular na Coréia e no Japão.

Amida (acima), cujo culto se desenvolveu no Japão, a partir do século XII, é o Buda da Luz infinita, considerado por seus seguidores como o Buda primordial, sem começo nem fim.

TESTEMUNHOS E DOCUMENTOS

O Buda e o budismo,
nascimento de uma religião.

"Nobres verdades", algumas palavras do Buda

"Por toda parte no mundo onde há coisas deliciosas e prazerosas, ali o desejo pode desaparecer e se apagar." Paradoxo? Assim procede a Nobre Verdade da Extinção do sofrimento, por meio do desaparecimento completo, da extinção do desejo; assim procede também o ensinamento do Buda que, diante da urgência da salvação, se prende mais à análise que conduz ao conhecimento que às tentativas de explicação.

O Primeiro Sermão, ou o Sermão de Benares, é a explicação das Quatro Nobres Verdades descobertas pelo Buda por ocasião da obtenção da Suprema Completa Iluminação. Estas verdades, que podem parecer bastante simples a quem delas está avisado, eram evidentemente de apreensão bastante difícil na primeira vez, motivo das hesitações do Bem-aventurado em ensinar uma doutrina que ouvintes não instruídos talvez não compreendessem. Finalmente, após a pregação do Sermão, a Roda da Lei havia sido posta em Movimento, iniciando-se uma prédica a que o Buda daria continuidade durante 45 anos, até sua Total Completa Extinção, e que a Comunidade dos monges prossegue, desde então, incansavelmente.

O Giro Inicial da Roda do Dharma

Ó ascetas, dois extremos não podem ser freqüentados por aqueles que abandonaram a vida em família: o exercício dos prazeres, o amor dos prazeres dos sentidos ou então as práticas através das quais se faz a automortificação, em que se esgota de fadiga o próprio corpo e espírito sem poder conservar aquilo que se preparou. Ó ascetas, fora desses dois extremos, existe a via intermediária, na qual o olho aparece, na qual o conhecimento aparece, a quietude definitiva, a serenidade que cria o conhecimento sobrenatural e faz com que se obtenha a Iluminação completa, que cria a vida religiosa, que conduz à Extinção. De que nome chamamos a via intermediária?...

É a Via sagrada das oito correções: a opinião correta, a intenção correta, a palavra correta, a atividade correta, os meios de existência corretos, o esforço correto, a atenção correta, a concentração mental correta; esta é a via do meio...

A Roda da Lei.

Existem quatro nobres Verdades: a nobre Verdade do sofrimento, a nobre Verdade da origem do sofrimento, a nobre Verdade da cessação do sofrimento, a nobre Verdade do caminho que leva à cessação da sofrimento.

Qual é a nobre Verdade do sofrimento? O nascimento é sofrimento, a velhice é sofrimento, a doença é sofrimento, a morte é sofrimento, a união com aquele que se detesta é sofrimento, a separação daquele que se ama é sofrimento, não obter o que se deseja é sofrimento; em conseqüência, os cinco agregados de apropriação são sofrimento... Esta nobre Verdade do sofrimento deve ser conhecida e ela é conhecida por mim. A Via das oito correções deve ser cultivada...

Qual é a nobre Verdade da origem do sofrimento? A sede, que está na origem dos nascimentos, associada aos prazeres dos sentidos, através da qual experimentamos o prazer... Esta nobre Verdade da origem do sofrimento deve ser suprimida e ela é suprimida por mim. A Via das oito correções deve ser cultivada...

Qual é a nobre Verdade da cessação do sofrimento? A cessação dessa sede, seu desapego, seu abandono, a renúncia a ela, sua libertação, sua supressão, sua pacificação, sua ausência do lugar de asilo, esta é a nobre Verdade da cessação do sofrimento. Esta nobre Verdade da cessação do sofrimento deve ser vista com meus próprios olhos. A Via das oito correções deve ser cultivada...

Qual é a nobre Verdade do caminho que conduz à cessação do sofrimento? É a Via nobre das oito correções: a opinião correta, a intenção correta, a palavra correta, a atividade correta, os meios de existência corretos, o esforço correto, a atenção correta, a concentração mental correta... Esta nobre Verdade do caminho que conduz à cessação do sofrimento deve ser cultivada e ela foi cultivada por mim.

Eis aqui a nobre Verdade do sofrimento, tal como ela é, no lugar das coisas que nunca haviam sido ouvidas antes, o conhecimento que surge em mim, a Iluminação que se produziu, a ciência que apareceu, o conhecimento sobrenatural que apareceu, a sabedoria que apareceu e o que pude ver com meus próprios olhos. Ela deve ser conhecida, esta nobre Verdade do sofrimento... Ela é conhecida por mim... Eis aqui a nobre Verdade da origem do sofrimento... Ela deve ser suprimida... Ela foi suprimida por mim... Eis aqui a nobre Verdade da cessação do sofrimento... Ela deve ser vista com meus próprios olhos... Ela é vista com meus próprios olhos... Eis aqui a nobre Verdade do caminho que conduz à cessação do sofrimento... Ela deve ser cultivada... Ela foi por mim cultivada... Estas são as quatro nobres Verdades.

Enquanto eu não tiver cultivado os 12 aspectos em três ciclos das quatro nobres Verdades, não os terei conhecido de acordo com a realidade, não poderei seguir até o fim a Via da realidade perfeita e suprema, mas quando eu tiver conhecido de acordo

O primeiro sermão do Buda.

com a realidade os 12 aspectos em três ciclos das quatro nobres Verdades, terei seguido até o fim a Via da realidade perfeita e suprema e não conhecerei mais dúvidas nem obstáculos. Quando um Tathagata prega essas quatro nobres Verdades, se, na multidão de seus ouvintes, não houver ninguém que as compreenda, o Tathagata então não põe em movimento a Roda do Dharma. Quando um Tathagata prega essas quatro nobres Verdades, se, na multidao de seus ouvintes, houver pessoas que as compreendam, o Tathagata então põe em movimento a Roda do Dharma. Entre os ascetas (*çramana*) e os brâmanes, os Brahma e os Mara, os deuses e os homens, no mundo não há ninguém que possa pô-la em movimento. É por isso que as quatro nobres Verdades devem ser cultivadas com energia, com esforço: a nobre Verdade do sofrimento, a nobre Verdade da origem do sofrimento, a nobre Verdade da cessação do sofrimento, a nobre Verdade do caminho que leva à cessação do sofrimento. Assim elas devem ser estudadas...

A partir do momento que as divindades terrestres ouviram o que havia dito o Tathagata, elas disseram umas para as outras:

"Agora, o Tathagata alcançou a condição de Arhant, a Iluminação perfeita. Em Baranasi, entre os Sábios, no Parque dos Daims, ele acaba de pôr em movimento a Roda da Lei suprema, que nunca antes havia sido posta em movimento. Entre os ascetas e brâmanes, os Brahma e os Mara, os deuses e os homens, no mundo não há ninguém que possa pô-la em movimento." Estas palavras cantadas pelas divindades terrestres foram ouvidas pelos quatro Reis Divinos, pelos deuses Trayastrinsas, pelos deuses Yama, pelos deuses Tushita, pelos deuses Nirmanarati, pelos deuses Paranirmitavaçavartin, que, uns após os outros, disseram entre si:

"Agora, o Tathagata alcançou a condição de Arhant... não há ninguém que possa pô-la em movimento." Assim, num só instante, num só momento, suas palavras alcançaram os deuses Brahma.

Vinayapitaka des Dharmaguptaka,
in A. Bareau, *En suivant Bouddha*

"Dhammapada", palavras de verdade (versículos selecionados)

O Dhammapada, *"verso sobre a Lei", é um dos mais célebres textos búdicos redigidos em pali, tanto por seu valor literário – trata-se de estrofes de quatro pés, de métrica antiga, os pada – quanto pelos temas edificantes que abordam. Aliás, alguns dentre eles, pertencendo a um fundo indiano comum, são encontrados na literatura jaina e nos textos clássicos.*

Todos os estados mentais têm o espírito como precursor, como chefe; eles são criados pelo espírito. Se um homem fala ou age de má fé, o sofrimento o seguirá de tão perto quanto a roda que segue o casco do boi puxando a carroça.

Todos os estados mentais têm o espírito como precursor, como chefe; e são criados pelo espírito. Se um homem fala ou age com o espírito purificado, a felicidade o acompanha de tão perto que sua sombra é inseparável.

"Ele me vilipendiou, me maltratou, me venceu, me roubou." Naqueles que acolhem tais pensamentos, o ódio nunca se apazigua.

"Ele me vilipendiou, me maltratou, me venceu, me roubou." Naqueles que nunca acolhem tais pensamentos, o ódio se apazigua.

Na verdade, o ódio jamais se apazigua pelo ódio. O ódio se apazigua pelo amor, esta é uma lei eterna.

A maioria dos homens esquece que todos morremos um dia. Para aqueles que pensam nisso, a luta se apazigua.

Aqueles que tomam o erro como verdade e a verdade como erro, aqueles que se nutrem nas pastagens dos pensamentos falsos – não chegarão jamais ao real.

Mas aqueles que tomam a verdade como verdade e o erro como erro – aqueles que se nutrem nas pastagens dos pensamentos justos – chegarão ao real.

Do mesmo modo que a chuva entra numa casa em que o colmo está desunido, a paixão penetra um espírito não desenvolvido.

Do mesmo modo que a chuva não entra numa casa bem coberta pelo colmo, a paixão não penetra um espírito bem desenvolvido. [...]

A vigilância (*appamada*) é a senda da imortalidade. A negligência é a senda da morte. Aqueles que são vigilantes não morrem. Aqueles que são negligentes já estão mortos.

Compreendendo bem essas idéias, os sábios vigilantes que seguem a via dos nobres (*ariya*) regozijam-se na vigilância.

Aqueles que são sábios, meditativos, perseverando sem cessar, alcançam o Nibbana, que é a felicidade suprema.

Daquele que é enérgico, atento, puro em suas ações, que age de maneira refletida, que se controla, que vive com eqüidade, que é vigilante – cresce a boa reputação.

Por sua diligência, sua vigilância, seu domínio sobre si mesmo, o homem sábio deve fazer de si uma ilha que as ondas jamais poderão submergir.

Os insensatos em sua falta de sabedoria, entregam-se à negligência. O sábio mantém a vigilância como a mais preciosa riqueza.

Não vos abandoneis à negligência, nem aos prazeres dos sentidos. Aquele que é dedicado à meditação obtém a Felicidade Perfeita.

Vigilante em meio aos negligentes, desperto em meio aos sonolentos, o sábio avança como um corcel deixando para trás o rocim. [...]

Devemos nos associar àquele que faz com que as imperfeições sejam vistas como se mostrasse um tesouro. Devemos nos ligar ao sábio que reprova os erros. Na verdade freqüentar um homem assim é um bem e não um mal.

Não tomai como amigos aqueles que fazem o mal ou aqueles que são desprezíveis. Fazei dos bons a tua companhia, buscai a amizade dos melhores entre os homens.

Aquele que bebe na fonte da Doutrina, vive feliz na serenidade do espírito. O sábio sempre se regozija da Doutrina ensinada pelos *Ariya* (Nobres).

Os construtores de aquedutos conduzem a água para onde desejam; aqueles que fabricam flechas lhes dão feitio; os carpinteiros dão forma à madeira (conforme desejam); os sábios controlam a si próprios.

Do mesmo modo que o rochedo sólido não é abalado pelo vento, assim também os sábios não se deixam abalar por censuras ou louvores.

Como um lago profundo, límpido e calmo, assim os sábios tornam-se claros e sem equívoco tendo ouvido a Doutrina.

Há poucos homens que tenham passado para a outra margem. A maioria vai e vem nesta margem.

Mas aqueles que seguem a Doutrina superam o domínio da Morte, de difícil travessia.

Não mais existe a febre das paixões para aquele que terminou sua viagem, que está livre de qualquer preocupação, que se libertou de todos os apegos, que rejeitou todos os laços.

Até mesmo os deuses invejam aquele cujos sentidos foram dominados – como um cavalo por seu cavaleiro –, que se desembaraçou de qualquer orgulho e se libertou da cobiça.

Assim como a terra, um homem constante e cultivado não se ofende; ele se parece com um pilar, transparente como um lago sem lodo; para ele, o ciclo de nascimentos e mortes não mais existe.

Tranqüilos são os pensamentos, as palavras e os atos daquele que, com o conhecimento correto, se libertou completamente, perfeitamente pacificado e equilibrado.

Seja numa aldeia, numa floresta, na planície ou numa colina, o lugar onde vivem os homens dignos (*Arahant*) é sempre um lugar encantador.

Deliciosas são as florestas onde a multidão não se diverte; os homens livres de paixões nelas encontram a felicidade porque não buscam os prazeres dos sentidos.

"Vesala-sutta", quem é pária?

Os Nikaya*, coletânea de* sutta*, ou seja, textos mais ou menos longos relatando os discursos do Buda ou de discípulos diretos, pertencem ao cânone da literatura em pali. O* Vesala Sutta *foi um sermão feito pelo Buda, em Shravasti, para um brâmane que, insultando-o enquanto ele fazia seu percurso diário para mendigar alimentos, o havia chamado de "sem casta", de pária (*vesala*).*

O homem que é colérico e raivoso, que é mau e hipócrita, que adotou falsas visões e é embusteiro, que seja considerado um pária.

Aquele que neste mundo faz sofrer seres vivos, sejam eles nascidos uma ou duas vezes, aquele em que não há compaixão pelos seres vivos – que seja considerado um pária.

Aquele que destrói ou faz sítio a aldeias e cidades, e se conduz como inimigo – que seja considerado um pária.

Seja na aldeia ou na floresta, aquele que pelo roubo se apropria daquilo que pertence aos outros e que não é dado – que seja considerado um pária.

Aquele que tendo contraído uma dívida, trapaceia seu credor dizendo "eu não vos devo nada" – que seja considerado um pária.

Aquele que por cobiça por um objeto ataca um viajante para espoliá-lo – que seja considerado um pária.

O homem que em interesse próprio, de outrem, ou por riquezas, presta falso testemunho – que seja considerado um pária.

Aquele que toma as mulheres de seus familiares ou de seus amigos, seja pela força ou com consentimento delas – que seja considerado um pária.

Aquele que, podendo fazê-lo, não quer atender às necessidades de seu pai e de sua mãe quando estão velhos – que seja considerado um pária.

Aquele que fere, por gesto ou palavras, sua mãe, seu pai, seu irmão, sua irmã ou seus sogros – que seja considerado um pária.

Aquele que, sendo consultado, dá maus conselhos e conspira secretamente – que seja considerado um pária.

Aquele que tendo cometido má ação espera que ninguém dela tenha conhecimento e faz o mal ao se esconder – que seja considerado um pária.

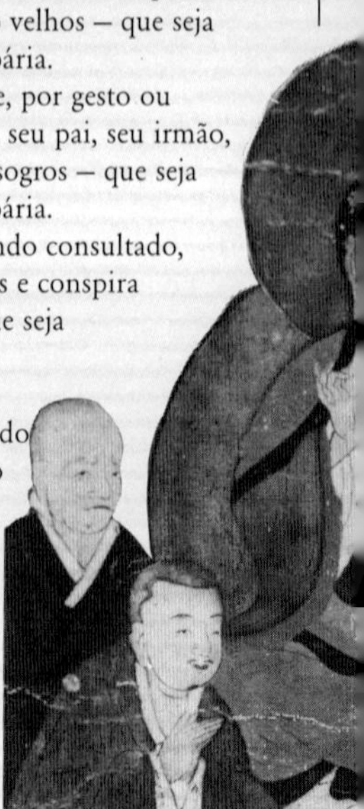

Aquele que tendo ido à casa

de um outro, nela recebe alimentos e não retribui esta hospitalidade – que seja considerado um pária.

Aquele que por falsidade engana um brâmane ou um samana ou qualquer outro mendigo – que seja considerado um pária.

Aquele que lança palavras irritadas e nada dá a um brâmane ou a um samana que veio mendigar na hora da refeição – que seja considerado um pária.

Aquele que está mergulhado na ignorância, que não oferece a menor esmola, mas denigre as doações mais modestas – que seja considerado um pária.

Aquele que se glorifica e despreza os outros por orgulho, sendo ele mesmo desprezível – que seja considerado um pária.

Aquele que faz nascer nos outros a cólera, é avaro, tem desejos maus, é invejoso, enganador, não tem vergonha ou não teme fazer o mal – que seja considerado um pária.

Aquele que injuria o Buda ou seu discípulo, um monge errante ou um leigo – que seja considerado um pária.

Aquele que sem ser um arahant (santo) pretende sê-lo é o maior dos gatunos e verdadeiramente o mais baixo dos párias de todos os mundos, até o de Brahma.

Todos estes que acabo de descrever são realmente párias. Não é por nascimento que alguém se torna um pária. Não é por nascimento que alguém se torna brâmane. É por seus atos que alguém se torna pária, por seus atos que se torna brâmane.

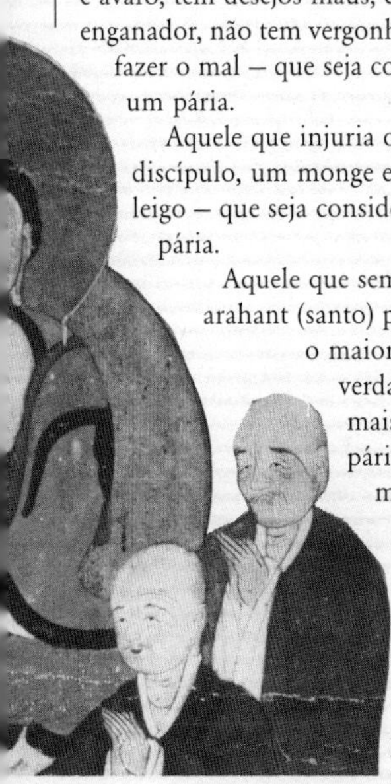

Suttanipata, I, 7 *in* W. Rahula, *L'Enseignement du Bouddha*, Le Seuil, Paris, 1961

O ensinamento essencial do Buda

Poucos meses depois de ter ouvido o Primeiro Sermão, um noviço, interrogado sobre a doutrina que lhe era ensinada, a expôs em uma estrofe que respeitava tão perfeitamente o espírito que resultou na conversão imediata de Shariputra e de Maudgalyayana, os dois grandes discípulos. Durante muitos séculos, os devotos atribuíram-lhe tanta importância que a fizeram constar não só em todos os objetos de devoção como nos tijolos de construções diversas ou entre as relíquias conservadas nos stupa. *Ela permanece, para os budistas, uma fórmula ritual infinitamente repetida:*

As coisas que nascem de uma causa,
aquele que chegou a declarar aquilo que é,
definiu a causa e seu fim
é ele, aquele que a definiu tal como é,
o grande religioso.

Em pali:

Ye dhammâ hetuppabhavâ tesâm hetum tathâgato âha/
Tesañ ca yo nirodho evamvâdî mahâsamano//

Em sânscrito:

Ye dharmâ hetuprabhavâ hetum teshâm tathâgato hy avadat/
Teshâm ca yo nirodho evamvâdî mahâçramanah/

J. Filliozat, *in L'Inde classique*, EFEO, Imprimerie nationale, 1953

Textos canônicos

Logo após a cremação do Buda, o concílio reunido em Rajagriha dedicou-se a consolidar, inicialmente pela tradição oral, as palavras e o Ensinamento do Bem-aventurado. A língua utilizada na época era o magadhi, dialeto da bacia do médio Ganges, bastante próximo do pali. O cânone pali, o mais completo a sobreviver até os nossos dias, legado por escrito no Sri Lanka no século I a.C., compreende três "cestos" ou pitaka*: os preceitos de Disciplina* (Vinaia), *dos textos* (Sutta) *e das Recapitulações sobre o Ensinamento* (Abidama).

O "Jataka" do crocodilo

Os Jataka *ou "Nascimentos" (anteriores do Buda, bem como dos seres associados, aos mais diversos títulos, à sua última existência) são narrativas, lendas ou fábulas, mostrando ao mesmo tempo a progressão na aquisição das "perfeições" e a persistência de más tendências de existência em existência. Eles pertencem aos "Cestos dos textos" do cânone pali. O* Jataka *do crocodilo,* Sumsumara Jataka, *nº 208 da coletânea pali, narra as disputas do Bodhisattva, na ocasião nascido macaco, com um crocodilo que é ninguém menos que o futuro Devadatta e sua esposa Cinca, aquela mesma que se esforçaria para comprometer o Buda em Jetavana.*

Outrora, quando Brahmadatta reinava em Baranasi, o Bodhisatta reencarnou no Himavant, sob a forma de um macaco. Tornando-se forte como um elefante, cheio de vigor e belo, fixou sua morada na floresta, sobre uma curva do Ganges.

Nessa mesma ocasião vivia um crocodilo no Ganges. A esposa do crocodilo, avistando o Bodhisatta, foi tomada por um violento desejo da carne de seu coração. Ela disse ao marido:

– Senhor, desejo comer o coração desse rei dos macacos.

– Minha cara, nós vivemos na água e na terra, de que modo nos seria possível apanhá-lo?

– Seja como for, de qualquer maneira trate de capturá-lo. Se eu não o tiver, morrerei.

– Muito bem, não tenha receio, se houver um meio eu farei com que comas a carne de seu coração.

Tendo assim reconfortado sua mulher, ele foi se colocar junto do Bodhisatta, que depois de ter bebido água no Ganges tinha se sentado na margem do rio, e dirigiu-lhe as seguintes palavras:

– Ó Indra dos Macacos, por que apareces por aqui, nestas terras

Baixo-relevo ilustrando o *Jataka* do macaco magnânimo.

maltratadas, comendo os frutos insípidos desta região? Do outro lado do Ganges, as mangueiras, as árvores de fruta-pão e as outras têm infinitos frutos deliciosos; não seria melhor para ti ir para lá e comer esses frutos tão variados?

– Rei dos crocodilos, o Ganges é profundo e grande, como poderia eu ir para lá?

– Se quiseres ir, eu te levarei, fazendo-te montar em minhas costas.

O macaco acreditou.

– Mas que bom – disse, consentindo.

– Então vem, monta sobre meu dorso.

O macaco obedeceu.

O crocodilo o conduziu até uma certa distância, depois mergulhou, fazendo-o afundar na água.

– Meu caro – disse o Bodhisatta –, fazes-me afundar, que quer dizer isto?

– Não é com boa intenção nem por generosidade que te levo, mas é que minha mulher foi tomada por uma violenta vontade de comer a carne de teu coração e desejo fazer com que ela coma teu coração.

– Meu caro, como falas bem! Se esse nosso coração, de nós que vagabundeamos no alto dos galhos, estivesse dentro de nosso peito, ele estaria em pequeninos pedaços.

– Então onde o colocais?

O Bodhisatta mostrou, não distante dali, uma figueira carregada de frutos maduros.

– Eles estão ali – respondeu. – São nossos corações que estão pendurados naquela figueira.

– Se me deres um coração, eu não te matarei.

– Muito bem, leva-me até lá e te darei os que estão pendurados naquela árvore.

O crocodilo seguiu com o macaco para a árvore. O Bodhisatta, depois de saltar do dorso do crocodilo, sentou-se no alto da figueira.

– Caro estúpido crocodilo, imaginaste que o coração de criaturas vivas realmente se encontravam no alto de uma árvore? Como és estúpido, te enganei, guarda para ti todos esses frutos variados. Sem dúvida teu corpo é grande, mas não tens inteligência.

Lá do alto, ilustrando estas palavras, ele recitou este verso:

Fora com essas mangas, com esses jambos,
Com esses frutos de árvores de fruta-pão.
Que estão na outra margem do rio,
Mais vale para mim o figo.
Teu corpo é de fato grande,
Mas tua inteligência não é
a ele proporcional,
Crocodilo, fostes enganado
Agora vai para onde te parecer bom.

O crocodilo, infeliz, como se tivesse perdido um milhar de moedas, a compostura perdida e desfeito em prantos, voltou para casa.

Choix de Jâtaka,
traduzido do pali por Ginette Terral,
Gallimard, Paris, 1958

O Nascimento do Buda

Texto canônico em sânscrito, o Lalitavistara, *"Desenvolvimento do jogo", é um* sutra *narrativo sobre o mundo épico da vida do Buda, depois de sua última existência entre os deuses, até o Giro Inicial da Roda do Dharma. É considerado como intermediário entre as tradições do budismo antigo e as do Mahayana. Os episódios aqui reproduzidos, relativos ao Nascimento do Buda e aos Sete Primeiros Passos, são extraídos da prosa em sânscrito, sem dúvida um pouco posterior aos versos. Em sua tendência de ampliar e exagerar os menores fatos, revelam muito mais o talento do narrador que uma vontade de abusar de uma platéia sempre ávida de maravilhas.*

Segurando o galho de uma árvore (acima), a rainha Maya dá à luz o Bodhisattva pelo flanco direito (abaixo).

Então, Religiosos, Maya-Devi rodeada por 84 mil carroças atreladas a cavalos, por 84 mil carroças puxadas por elefantes, todas paramentadas por ornamentos de todas as espécies, bem guardada por um exército de 84 mil soldados de heróica coragem, belos e bem preparados, bem armados com escudos e couraças, precedida por 60 mil mulheres do clã Sakya, protegida por 40 mil parentes do rei Souddhodana, nascidos nas famílias do lado paterno, velhos jovens e de idade madura; cercada de 60 mil pessoas do círculo mais íntimo da casa do rei Souddhodana, cantando e fazendo ouvir um concerto de vozes e de instrumentos de todos os tipos; rodeada por 84 mil filhas dos deuses, por 84 mil filhas dos Nagas, por 84 mil filhas dos Gandharvas, por 84 mil filhas dos Kinnaras, por 84 mil filhas dos Asouras, paramentadas com todos os tipos de vestes e ornamentos, cantando árias e louvores de todas as espécies. Seguida (por este cortejo, a rainha) saiu (do palácio). Todo o jardim de Lumbini, regado por água-de-cheiro, encheu-se de flores divinas; e todas as árvores, no mais belo dos jardins, ainda que não fosse a estação, cobriram-se de folhas e frutos. E este jardim foi ornado

com perfeição pelos deuses, como, por exemplo, o jardim Mishraka é perfeitamente ornado pelos deuses.

Pois então, tendo entrado Maya-Devi no jardim de Lumbini e tendo descido daquela magnífica carroça, rodeada por filhas de homens e de deuses, dirigia-se de uma árvore à outra, passeando de arvoredo em arvoredo, observando uma árvore e depois outra, sucessivamente até que Plakcha, a mas preciosa dentre todas as árvores, de galhos bem proporcionados, com belas folhas e belos brotos, toda coberta de flores dos deuses e dos homens, exalando os mais suaves perfumes, em cujos galhos estavam suspensas vestimentas de diversas cores, fulgurando com o brilho variado de diferentes pedras preciosas, completamente ornada por todos os tipos de tesouros da raiz ao tronco, bem como aos galhos e às folhas, aos galhos bem proporcionados e bem estendidos, situada no solo da terra em um lugar unido como a palma da mão, e bem coberto por um tapete de relva verde como o pescoço do pavão e macia ao toque como um tecido de Katchilindi (esta árvore), na qual se apoiaram as mães dos Djinas anteriores, louvada pelos cantos dos deuses, bela, sem mácula e perfeitamente pura, saudada por centenas de milhares de deuses Shouddhavasas de espírito pacificado, que curvam suas cabeças com suas tranças e diademas de pingentes, foi em direção a esta Plakcha que ela avançou.

Em seguida, pelo poder da glória do Bodhisattva, esta árvore Plakcha se inclinou numa saudação. Então, Maya-Devi, tendo estendido o braço direito como se ao ver um raio no céu, depois tendo agarrado um galho do Plakcha, em sinal de bênção e contemplando a amplidão do céu, deu um bocejo e permaneceu imóvel. Naquele instante, do meio dos deuses Kamavatcharas, tendo se aproximado 60 mil Aspsaras para servi-la, fizeram uma escolta de honra.

Acompanhado pela manifestação de semelhante poder sobrenatural foi que o Bodhisattva entrou no seio de uma mãe. Ao final de dois meses completos ele nasceu pelo flanco direito de sua mãe, tendo a lembrança e a ciência sem ser tocado pelas máculas do seio da mãe,

como isto não é dito de nenhum outro, pois, para os outros, se diz a mácula do seio.

Lalitavistara, capítulo VII, traduzido por P.E.M. Foucaux, *in Annales du Musée Guimet*, Leroux, Paris, 1884

Os sete primeiros passos

No instante de seu nascimento o Bodhisattva desceu à terra. E no mesmo instante em que o Bodhisattva Mahasattva desceu, perfurando a terra, um grande lótus surgiu. Nanda e Oupananda, todos os dois reis dos Nagas, mostrando-se a meio corpo na extensão do céu, tendo feito aparecer duas correntes de água, uma quente e uma fria, banharam o Bodhisattva. Sakra, Brahma, os guardiões do mundo, caminham à frente e muitos outros filhos dos deuses, em número de muitas centenas de milhares, que, no instante em que o Bodhisattva nasceu, com todos os tipos de águas-de-cheiro, com flores frescas, banham e cobrem seu corpo. No ar, dois Tchamaras e um precioso guarda-sol aparecem. E ele, mantendo-se sobre o grande lótus, observou os dez pontos do espaços com o olhar do leão, com o olhar do grande homem.

Também neste momento, Religiosos, produziu-se o olho divino do Bodhisattva, nascido da maturidade completa da raiz da virtude anterior. Com este olho divino que nada detém, ele viu, na sua totalidade, a reunião dos três mil grandes milhares de mundos, com suas cidades, suas aldeias, suas províncias, suas capitais, seus reinos, bem como os deuses e os homens. Ele conheceu perfeitamente o pensamento e a conduta de todos os seres; e tendo-as conhecido, procurou por toda parte.

– Haverá um ser qualquer que seja semelhante a mim pela boa conduta, pela contemplação, pela ciência ou pelo emprego da raiz da virtude?

E então o Bodhisattva, na massa dos três mil grandes milhares dos mundos não viu nenhum ser igual a ele.

Neste momento, como um leão, o Bodhisattva, isento de receio e de terror, sem medo, lembrando-se de um bom pensamento e, depois de ter refletido, tendo conhecido o pensamento e a conduta de todos os seres, sem ser apoiado por ninguém, com a face voltada para a região oriental e tendo dado sete passos, o Bodhisattva disse:

– Eu serei aquele que caminha à frente de todas as leis que têm a virtude por raiz.

Enquanto ele caminhava, abaixo dele, no ar, sem que ele fosse sustentado (por ninguém), um grande guarda-sol branco divino e dois belos abanos o seguiam à medida que avançava. Por toda parte onde o Bodhisattva punha o pé, em todos os lugares, ali também nasciam flores de lótus. Do mesmo modo, voltando a face para a região meridional e tendo dado sete passos:

– Eu serei digno das oferendas dos deuses e dos homens.

Voltando-se de frente para a região ocidental, tendo dado sete passos e tendo parado no sétimo passo, como um leão, ele pronunciou as seguintes palavras de satisfação:

– Neste mundo, sou o primeiro; neste mundo sou o melhor! Este é meu último nascimento; porei fim ao nascimento, à velhice, à doença, à morte!

Então, virando-se de frente para a região setentrional e dando sete passos, disse:

– Não terei superior entre todos os seres!

E virando-se de frente para a região inferior, depois de dar sete passos, disse:

– Destruirei o demônio e seu exército; e para os seres que estão no inferno, para destruir o fogo do inferno, farei cair a chuva da grande nuvem da lei através da qual eles serão inundados de felicidade.

E virando-se de frente para a região superior, depois de dar sete passos, olhou para o alto:

– É no alto que serei visível por todos os seres!

E tão logo estas palavras foram pronunciadas pelo Bodhisattva, no mesmo instante a reunião dos três mil grandes milhares de mundos foi informada por uma voz:

– Eis a essência da ciência manifesta nascida da maturidade completa da obra do Bodhisattva.

Lalitavistara, capítulo VII, *op. cit.*

Os quatro encontros

Poderíamos nos surpreender com o fato de que o Bodhisattva só fosse tomar consciência da miséria da condição humana e da serenidade ligada à vida de religioso errante tão tardiamente. Mas seria esquecer quanto a ociosidade, o luxo e os prazeres mascaram a realidade e privam os seres de qualquer julgamento. Em plano secundário neste ensinamento dos Quatro Encontros já desponta uma alusão a este "mundo dos desejos" regido por Mara, sobre quem aquele que então teria se tornado o religioso Gautama deverá triunfar imperativamente para adquirir a Suprema e Total Iluminação [ou Despertar para a verdadeira natureza da existência].

Em sua juventude o Bodhisattva teve a intenção de abandonar a vida de família. O rei, seu pai, temia que ele estudasse o caminho da salvação e o manteve constantemente cercado pelos prazeres dos cinco sentidos. Quando tinha 14 anos, ele mandou atrelar seu coche para ir passear e saiu pelo portão oriental da cidade murada. Por acaso viu um velho de cabeça branca, com as costas curvadas, que, apoiado num cajado, caminhava com grande dificuldade. Ele perguntou a seu cocheiro: "– Que é este homem? – É um velho. – Que é que chamamos de um velho? – Quando um homem viveu muitos anos, suas faculdades entram em declínio, seu aspecto se modifica, sua tez se altera. Quando está sentado, é doloroso para ele se levantar, tem muito pouca vitalidade. É por isso que o chamamos de velho. – Eu escaparei a esta sorte? – Ainda não." Então ele fez meia-volta e retornou ao palácio. Como ainda não estava liberado da lei da velhice, ficou entristecido e não desfrutou mais de nenhum prazer. O rei perguntou ao cocheiro: "– O príncipe está satisfeito com seu passeio? – Não, ele está infeliz. – Por quê? – Por acaso ele viu um velho, é por isso que está entristecido." O rei temeu que os adivinhos tivessem dito a verdade e que o príncipe brevemente fosse deixar a vida em família. No mesmo instante ordenou que fossem aumentados os prazeres dos cinco sentidos.

Muito tempo depois, o Bodhisattva novamente ordenou a seu cocheiro que atrelasse seu coche para ir passear e saiu pelo portão meridional da cidade murada. Por acaso viu um doente cujo corpo estava magro e enfraquecido e que, apoiado contra uma porta, respirava com dificuldade. Ele perguntou ao cocheiro: "– Que é este homem? – É um doente. – Que é um doente? – Seus quatro grandes elementos estando aumentados ou diminuídos, ele não pode mais beber nem comer, sua respiração é fraca e difícil, sua vitalidade está reduzida pelas impurezas que se encontram em seu corpo. É por isso que o chamamos de doente. – Escaparei a este mesmo destino? – Ainda não." Então ele ordenou que o coche fizesse meia-volta e retornou ao palácio. Ao pensar que ainda não estava liberado da velhice e da doença, ficou ainda mais entristecido. O rei perguntou novamente ao cocheiro: "– O príncipe está satisfeito com seu passeio? – Não, ele está mais infeliz. – Por quê? – Por acaso ele viu um doente, é por isso que está entristecido." O rei temeu que brevemente seu filho fosse deixar a vida

Abandonando o palácio, o Bodhisattva vai viver como monge itinerante.

em família. No mesmo instante ordenou que fossem aumentados os prazeres diurnos e noturnos dos cinco sentidos.

Muito tempo depois, o Bodhisattva novamente ordenou a seu cocheiro que atrelasse seu coche para ir passear e saiu pelo portão ocidental da cidade murada. Por acaso viu um morto que, carregado por homens, era seguido por seus parentes consternados, chorando e gemendo. Ele perguntou ao cocheiro: "– Que é este homem? – É um morto. – Que é um morto? – Sua respiração cessou, seu espírito se foi, ele não tem mais conhecimento de nada, sua aldeia está abandonada, vazia, ele se separou para sempre de seus parentes. É por isso que é chamado de morto. – Escaparei a este mesmo destino? – Ainda não." Ao pensar que ainda não estava liberado das leis da velhice, da doença e da morte, ele ficou ainda mais entristecido. No mesmo instante ordenou que o coche fizesse meia-volta para retornar.

Ele então viu por acaso um homem cujos cabelos e barba estavam raspados, vestia os trajes da lei monástica, tinha uma tigela na mão e caminhava olhando para o chão. O príncipe perguntou a seu cocheiro: "– Que é este homem? – É um religioso mendigo itinerante. – Que é um religioso mendigo itinerante? – Ele tem o domínio sobre si mesmo, tem hábitos dignos, ele sempre se conduz com paciência e compaixão para com os seres. É por isso que o chamamos de religioso itinerante." Quando ouviu isto, o Bodhisattva exclamou três vezes: "– Muito bem!" E após refletir a respeito, ficou feliz. No mesmo instante, desceu de seu coche, prestou homenagem ao asceta e lhe perguntou: "– Por que tua aparência e tuas roupas são diferentes daquelas das outras pessoas que vivem no mundo?" [...] Mais uma vez o Bodhisattva exclamou três vezes: "– Muito bem!" E após refletir a respeito, ficou feliz. Tornou a subir no coche e se dirigiu para o palácio. No caminho, por acaso, havia uma mulher que, ao ver o Bodhisattva passar, teve por ele um pensamento de amor e pronunciou a seguinte estrofe:

"– Feliz é a mãe que possui filho como este!
"Bem-aventurado também é seu pai!
"Feliz a mulher que possui esposo como este!
"Ele alcançará o Nirvana!"

Ao ouvi-la pronunciar a palavra Nirvana o Bodhisattva saltou de felicidade e pensou: "Obterei eu mesmo este Nirvana supremo?" De volta ao palácio, ele refletiu sobre o fato de que ainda não estava liberado das leis do nascimento, da velhice, da doença e da morte. O rei perguntou novamente ao cocheiro: "– O príncipe está satisfeito com seu passeio de hoje? – No começo do passeio, não ficou nada contente, mas no retorno, estava muito feliz. – Por que foi isso? – Durante o passeio ele por acaso viu um morto e foi por isso que não ficou contente. No retorno, ele viu um monge mendicante e foi por isso que ficou feliz." O rei pensou novamente: "Os adivinhos disseram a verdade: ele certamente abandonará o lar e a vida em família." Então mandou aumentar ainda mais os prazeres diurnos e noturnos dos cinco sentidos.

Vinayapitaka des Mahîçâsaka,
in A. Bareau, *En suivant Bouddha,*
Philippe Lebaud, Paris, 1985

A prática das austeridades

Extraída do Vinaya-Pitaka de uma seita originária da escola de Sarvastivada, como a anterior, esta versão do abandono da prática de austeridades parece ser a mais próxima da realidade dos fatos. Não há intervenção dos deuses, nem da mãe do Bodhisattva renascida entre eles. Mas responderá à expectativa dos fiéis a ausência de qualquer aspecto maravilhoso e de qualquer emoção? Podemos duvidar disso, pois esta versão jamais inspirou os artistas.

Havia então cinco homens que seguiam o Bodhisattva por pensarem que, se este último encontrasse o Caminho, pregaria para eles a Doutrina. Em Uruvilva viviam quatro mulheres, chamadas Bala, Utpala, Sundara e Kumbhakari, que eram todas ligadas ao Bodhisattva pelo pensamento e que diziam para si próprias: "Se o Bodhisattva abandonar seu lar para buscar a realização do caminho, nós nos tornaremos suas discípulas. Se ele permanecer em seu lar para levar a vida leiga comum, nos tornaremos suas esposas ou suas concubinas."

A partir do momento em que o Bodhisattva chegou àquela aldeia, começou a cultivar a prática de austeridades, ali exercitando-se nesse tipo de ascetismo durante seis anos. Apesar disso, não pôde ver com seus próprios olhos a Doutrina suprema do nobre conhecimento. Então ele se lembrou: "Outrora, quando eu morava na casa do meu pai, o rei, um dia em que estava sentado debaixo do jambeiro, desvencilhei-me dos pensamentos de desejo e de outras coisas más e viciosas e então permaneci mergulhado na primeira meditação, provida de atividade mental e de reflexão, plena de alegria, de felicidade e de pensamento unificado." O Bodhisattva fez ainda a seguinte reflexão: "Ao seguir esta via da meditação, verdadeiramente poderemos esgotar a fonte dos sofrimentos?" E a seguinte resposta se impôs a seu pensamento: "Sim, podemos exaurir a fonte do sofrimento através desta via." No mesmo instante, utilizando a força de sua energia, ele cultivou e praticou este conhecimento e, ao seguir esta via, pôde de fato exaurir a fonte do sofrimento. Então o Bodhisattva pensou ainda: "Será por meio dos desejos e das outras coisas más que se obtém esta felicidade?" E reconheceu: "Não, não é por meio dos desejos e das coisas más que se obtém esta felicidade." E teve ainda o seguinte pensamento: "Será realmente através da prática da ausência do desejo e do abandono das coisas más que obterei esta felicidade?" E reconheceu: "Certamente não será infligindo sofrimento a meu corpo que a obterei. Neste momento, não será melhor para mim comer um pouco de arroz cozido e guisado de grãos grelhados para adquirir as forças necessárias?" Pouco depois, abandonando definitivamente o jejum extremamente rigoroso que havia praticado até então, o Bodhisattva comeu um pouco de arroz e de guisado de grãos grelhados a fim de adquirir forças suficientes.

Depois que ele ingeriu um pouco de alimento, os cinco homens que o seguiam ficaram completamente decepcionados e o abandonaram, comentando entre si: "O asceta Gautama é insensato, estúpido, ele perdeu o Caminho. Pois não existe um Caminho da Verdade?" E eles partiram imediatamente.

Vinayapitaka des Dharmaguptaka
in A. Bareau, *op. cit.*

Os peregrinos chineses

A partir do século III, os budistas chineses viajaram para as "regiões ocidentais" para ali "procurar o Dharma". Fazendo uso da rota dos oásis ou, mais raramente, da rota dos mares do Sul, suas viagens, interrompidas apenas por uma proscrição passageira do budismo (845), foram retomadas em 966 e prosseguiram até cerca da metade do século XI.

Onde nasceu o Buda Shakyamuni

Nascido numa família de eruditos de Henan, Xuanzang (602-664) entrou para o monastério aos 12 anos de idade e recebeu a ordenação completa aos 20 anos. Mestre no estudo dos dois Veículos, decidiu ir à Índia para recolher os textos e os ensinamentos que lhe faltavam. Passou 19 anos na Índia, residiu no monastério de Nalanda e retornou à China em 645, trazendo 657 obras, relíquias e imagens. Tendo passado o resto da vida traduzindo os textos trazidos, relatou sua viagem no Mémoire sur les contrées occidentales, *do qual dispomos de dois manuscritos comentados feitos por seus discípulos.*

O reino de Jie Bi Luo Fa Su Du [*Kapilavastu, 240 quilômetros ao norte de Benares, cidade natal do Buda Shakyamuni*] tem cerca de quatro mil li (1 li = 576 m) de circunferência. Há dez cidades desertas que oferecem um panorama de aspecto selvagem. A cidade real está em ruínas e não se sabe mais qual era a extensão de sua grandeza. O palácio que existia no interior da capital tinha 14 li de circunferência. Era inteiramente construído de tijolos. Suas ruínas ainda são altas e sólidas; está deserto há séculos. As aldeias são mediocremente povoadas; não há nenhum rei, apenas cada aldeia tem seu chefe particular. A terra é rica e fértil, as sementeiras e as colheitas se realizam em períodos regulares; as estações nunca se modificam. Outrora, ali existiam cerca de mil conventos, cujas ruínas ainda subsistem.

Ao lado do palácio, pode-se ver um claustro onde vivem em retiro 30 religiosos da escola dos Sammatiya, ligados ao Pequeno Veículo. Há dois templos de deuses; os hereges vivem misturados.

No interior do palácio, encontram-se antigas fundações. Era ali que ficava o palácio principal do rei Suddhodana [*o pai do Buda*]. Sobre estas fundações, foi construído um vihara, no centro do qual eleva-se a estátua do rei. [...]

Ao lado, há um vihara. Foi neste lugar que Shakyamuni desceu para o interior do seio de sua mãe. No centro, há uma representação do Bodhisattva no momento em que ele desce para encarnar. De acordo com a escola dos Aryasthavirah [*os Antigos*] o Bodhisattva encarnou na noite do trigésimo dia do mês Uttarashadha, que corresponde, na China, ao décimo quinto dia da quinta lua. Mas de acordo com as outras escolas ele encarnou na noite do vigésimo terceiro dia desse mesmo mês, que corresponde entre nós ao oitavo dia da quinta lua.

A nordeste do lugar onde o Bodhisattva desceu para o seio de sua mãe, encontra-se um stupa. Foi neste lugar que Rishi Asita fez o horóscopo deste príncipe real. [...]

Adivinhos e presságios felizes

No dia em que o Bodhisattva veio ao mundo, viu-se surgirem um grande número de felizes presságios. Naquele momento o rei Suddhodana convocou os adivinhos e lhes disse:

– Eis uma criança que acaba de nascer; quais serão suas boas e más qualidades? Consultai vossos espíritos em recolhimento e respondei claramente.

– De acordo com as previsões dos primeiros santos – responderam eles – e em conseqüência dos felizes presságios que irromperam com seu nascimento, se ele permanecer em casa, ele será um Cakravartin [*monarca todo-poderoso*]; se abandonar o lar para abraçar a vida religiosa, alcançará a Inteligência iluminada.

Nessa ocasião, chegou Asita, vindo de um país distante. Ele bateu à porta e pediu uma audiência. O rei ficou encantado; foi recebê-lo pessoalmente e ofereceu suas saudações prestando-lhe homenagens, depois o convidou para sentar-se num banco ornado de pedras preciosas.

– Não imaginava – disse ele – que o grande Rishi se dignaria a visitar-me hoje.

– Estava tranqüilamente sentado no plano dos deuses – respondeu-lhe – quando, de repente, vi a multidão dos deuses saltar de alegria.

– De onde vêm – perguntei-lhes – esses transportes de alegria?

– Grande Rishi – responderam-me –, é preciso que saibas que, na ilha de Jambudvipa, a primeira esposa do rei Suddhodana, que é da raça dos Sakya, pôs no mundo, hoje mesmo, um príncipe real que deverá obter a Inteligência iluminada e possuir todo tipo de prudência. Depois de ter tomado conhecimento desse acontecimento, apressei-me em vir a vossa morada para contemplá-lo. Mas uma coisa me aflige, sou velho e decrépito e não verei as nobres influências de sua virtude. [...]

Devadatta e o elefante

No portão meridional dos muros da cidade, há um stupa. Foi nesse lugar que o príncipe real lutou pela força com os Sakya e lançou um elefante no ar. O príncipe real, por sua habilidade nas artes e seus numerosos talentos, mostrou-se superior a todos os seus pares.

O filho do grande rei Suddhodana, com o coração cheio de alegria, dispunha-se retornar. Seu cocheiro levou-lhe um elefante. No momento em que ia sair da cidade, Devadatta, que tinha orgulho de sua própria força, chegou, vindo de fora, e perguntou ao cocheiro:

– Quem quer montar este elefante tão ricamente paramentado?

– O príncipe real – respondeu o cocheiro. – Ele está pronto para retornar. É por isso que vou encontrá-lo e levar-lhe este elefante.

Devadatta, tomado pela fúria, apoderou-se do elefante, bateu-lhe na fronte e o golpeou com os pés no peito. O elefante caiu e obstruiu o caminho, de maneira que tornava impossível a passagem. Como não se encontrava ninguém que pudesse tirá-lo dali, a multidão dos homens viu-se impedida de passar.

Tendo chegado algum tempo depois, Sundarananda perguntou quem havia matado o elefante.

– Foi Devadatta – responderam-lhe.

Ele então arrastou o elefante para fora do caminho. Nesse momento, por sua vez, chegou o príncipe real e perguntou quem havia cometido aquela má ação e matado aquele elefante. Responderam-lhe:

– Foi Devadatta que o matou para obstruir o portão dos muros da cidade. Sundarananda o arrastou e desimpediu o caminho.

O príncipe real então levantou o elefante e, tendo-o lançado pelos ares, fez com que passasse por cima dos fossos que cercavam a cidade. No lugar onde caiu o elefante, a terra afundou e formou-se uma fossa profunda, que, a partir daquela época, a tradição continuou a chamar de "a fossa do elefante". [...]

Lugares do nirvana

No reino de Ju Shi Na Jie Luo [*Kushinagara*], as muralhas da cidade estão em ruínas, as aldeias oferecem somente uma triste solidão. As fundações em tijolos da antiga capital ocupam uma área de uma dezena de li. Os habitantes são raros e esparsos, as povoações e aldeias estão desertas.

No canto nordeste dos portões da capital, existe um stupa que foi construído pelo rei Asoka. É nesse lugar que fica a antiga casa de Cunda [*o ferreiro que ofereceu ao Buda sua última refeição antes que ele entrasse no Nirvana*]. No meio dessa casa há um poço que foi cavado quando quiseram fazer oferendas ao stupa. Ainda que ele tenha escoado água por muitos meses e anos, a água ainda é pura e límpida. A três ou quatro li a noroeste da capital, corre o rio A Shi Duo Fa Di [*Ajitavati*].

Vista de Kushinagara, o lugar do nirvana.

A uma pequena distância da margem ocidental, chega-se a uma floresta de árvores sala. Esta árvore se parece com o hu [carvalho], mas sua casca é de um branco-esverdeado e suas folhas são lisas e brilhantes. Pode-se ver quatro dessas árvores que possuem uma altura extraordinária. [...]

O Honorável do século, movido por uma grande piedade e obedecendo à ordem dos tempos, julgou útil aparecer neste mundo. Após haver terminado seu trabalho de converter os homens, mergulhou nas alegrias do Nirvana. Colocando-se entre duas árvores sala, ele virou a cabeça para o norte e adormeceu. Então os gênios, armados com uma maça de diamante, ao ver o Buda entrar no Nirvana, entregaram-se à dor e exclamaram em voz alta:

– *Ru lai* nos abandona; ele entrou no grande Nirvana. Ficamos sem protetor e sem apoio! Uma flecha envenenada nos perfurou o seio e o fogo da dor nos queima e nos consome.

Depois dessas palavras eles abandonaram sua maça de diamante e

caíram na terra, sufocados pela dor. Muito tempo depois, voltaram a se levantar e com o coração repleto de tristeza e de amor, assim falaram entre si:

– Para atravessar o vasto mar da vida e da morte, quem nos servirá de bote e de remos? Para caminhar nas trevas de uma longa noite, quem será doravante nossa lamparina e a luz de nosso archote? [...]

As disputas em torno das relíquias

Depois de o Buda ter entrado no Nirvana e de seu corpo ter sido cremado, os reis de oito reinos chegaram com quatro corpos de tropas. Eles enviaram um brâmane chamado Rijubhava, para dizer aos Malla:

– Neste reino, o guia dos homens extingui-se no Nirvana; é por isso que viemos de longe para pedir-vos uma parte das relíquias.

– O Tathagata – responderam os Malla – dignou-se a diminuir sua grandeza e descer neste país ínfimo. Extinguiu-se no Nirvana, o guia esclarecido do mundo! Ele morreu, o terno pai dos homens! As relíquias de *Ru lai* naturalmente devem receber homenagens, mas foi em vão que vós fizestes uma dolorosa viagem; não as obtereis nunca.

Então os grandes reis pediram-lhes com voz humilde. Vendo-se recebidos por uma recusa, reiteraram suas solicitações e disseram:

– Uma vez que nossas súplicas respeitosas não são atendidas, nosso poderoso exército não está longe.

Mas o brâmane Rijubhava levantou a voz e disse-lhes:

– Reflitam bem, o Honorável do século, que era dotado de terna piedade, mostrou-se humano e praticou a virtude; seu renome repercutirá até nos mais longínquos *kalpas*: trata-se, creio eu, do que todos vós sabeis. Se hoje recorrermos à violência, será absolutamente injusto. Agora, eis aqui as relíquias; é preciso dividi-las em oito partes iguais, a fim de que cada um de vós possa prestar-lhes homenagem. Por que chegar a empregar a força das armas?

Os Malla obedeceram às suas palavras e se dispuseram imediatamente a dividir as relíquias em oito partes. Mas o senhor dos deuses Indra então falou com os oito reis:

– Os deuses também devem ter sua parte; abstei-vos de abusar de vossos poderes para disputá-las.

Os reis dos dragões, Anavatapta e Elapatra, por sua vez deliberaram e disseram:

– Não vos esqueçais de nós na partilha. Se empregardes a força, apesar de vosso número, não sabereis lutar conosco.

O brâmane Rijubhava disse-lhe:

– Não fazei tanto alarde em vossas disputas. É preciso dar a todos uma parte igual das relíquias.

Ele então fez a partilha em três partes iguais: a primeira para os deuses, a segunda para a multidão dos dragões e deixou a terceira para os homens.

Tendo obtido os oito reis um quinhão duplo, os deuses, os dragões e os reis dos homens foram tomados por uma dor profunda.

in L'Inde du Bouddha vue par des pèlerins chinois, Calmann-Lévy, Paris, 1968

Aparência e imagens do ou dos Budas

Trinta e duas marcas ou sinais de perfeição caracterizam os monarcas universais e os Budas. Mas somente esses últimos exibem o aperfeiçoamento monástico e realizam gestos marcando os grandes momentos de sua vida ou de sua identidade.

As marcas de perfeição do Homem eminente testemunhariam, através de sua aparição progressiva, os méritos adquiridos, de maneira irreversível, ao longo de existências sucessivas. De modo que os textos nos ensinam que o Buda havia reconhecido as qualidades de Mahakashyapa pelo fato de que ele já possuía sete delas. No Tibete, mesmo nos dias de hoje, o futuro sucessor de um Dalai Lama é escolhido em função das "marcas" que ele possui.

Características físicas dos Budas

O corpo dos Budas apresenta os 32 sinais característicos do *mahapurisa.* As listas desses sinais concordam no *Lalitavistara* e na *Mahavyutpatti* com listas variantes e diferem da lista dos *Theravada* que é apresentada numa ordem totalmente diferente, com divergências bastante numerosas de detalhes. Esta última lista (*Mahapadanasutta*) é a seguinte (com os termos correspondentes da *Mahavyutpatti* acompanhados por seu número de ordem). O Buda tem:

1. Os pés bem assentados, *suppatitthapâda* (30, *supratisthitapâda*);
2. Rodas sob as plantas dos pés, *hethâ pâdatalesu cakkâni* (29, *cakrânkitahastapâda*, "tendo rodas marcadas nas mãos e nos pés");
3. Os calcanhares grandes, *âyatapanhin* (31, *âyatapâdapârshni*);
4. Os dedos longos, *dîghangulin* (28, *dîrghânguli*);
5. As mãos e os pés macios e delicados *mudutalunahatthapâda* (26, *mrdutarunahastapâda*);
6. As mãos e os pés (cobertos por) de redes, *jâlahatthapâda* (27, *jâlâvanaddhahastapâda*);
7. Os pés com tornozelos altos, *ussankhapâda* (25, *utsangapâda*);
8. Pernas de antílope, *enijangha* (32, *aineyajangha*);
9. Quando ele está de pé, sem se inclinar, com as duas mãos toca e esfrega

os joelhos, *thitako va anonamanto ubhohi pânitalehi jannukâni parimasati parimajjati* (18, *sthitânavanatapralambabâhutâ,* "os braços pendentes sem se inclinar estando de pé");

10. Ele tem aquilo que é escondido pela roupa oculto numa bainha, *kosohitavatthaguyha* (23, *koçopagatavastiguhya,* "a região vesical e o que deve se esconder embainhados");

11 e 12. Uma tez dourada com uma cor de ouro e a pele fina, lisa *suvannavanna kâñcanasannibhataca* e *sukhumacchavin* (17, *sûkshmasuvarnacchavi*);

13. Os pêlos um por um, *ekekaloma* (21, *ekaikaromapradakshinâvarta...* e virados para a direita);

14. Os pêlos virados para cima no ar, *uddhaggaloma* (22 *ûrdhvagaroma,* os pêlos voltados para o alto);

15. Os membros retilíneos de Brahman, *brahmujjugatta;*

16. Sete protuberâncias (nas mãos, nos pés, nos ombros e na ramificação do tronco) *sattussada* (15, *saptotsada*);

17. O corpo com uma metade anterior de leão *sîhapubbaddhakâya* (19, *simhapûrvârdhakâya*);

18. As axilas preenchidas, *citantaramsa* (16, *citântarâmça*);

19. A rotundidade de uma figueira-de-bengala, *nigrodhaparimandala* (20, *nyagrodhaparimandala*);

20. As ramificações do tronco regularmente arredondadas, *samavattakkhandha* (14, *susamvritaskandha*);

21. A finura superior do gosto, *rasaggasaggin* (10, *rasarasâgrata,* "finura de gosto para os gostos");

22. Um maxilar de leão, *sîhahanu* (11, *simhahanu*);

23. Quarenta dentes, *cattâlîsadanta* (6, *catvârimçaddanta*);

24. Os dentes iguais *samadanta* (7, *id.*);

25. Os dentes sem interstícios, *aviraladanta* (8, *id.*);

26. Os dentes bem brancos, *susukkadâtha* (9, *suçukladanta*);

27. A língua grande, *pahûtajivha* (12, *prabhûtatanujihva,* "grande e fina");

28. A voz de Brahman, *brahmassara* (13, *brahmasvara*);

29 e 30. Os olhos muito negros, *abhinîlanetta* e sobrancelhas de vaca, *gopakhuma* (5, *abhinîlanetragopakshma*);

31. Um tufo branco, *unnâ,* entre as sobrancelhas (4, *ûrnâ*);

32. Uma cabeça protuberante, *unhîsasisa* (1, *ushnîshaçirsha*).

[...] As diversas tradições acrescentam, aos 32 sinais característicos, 80 "marcas suplementares" (*anuvyañjana, dpe-byad*

bzan-po "boas harmonias"). Estas marcas suplementares são em sua maioria menos especiais do Buda que as citadas anteriormente; muitas podem ser traços de beleza em homens comuns, o que justifica a divisão em duas listas de conjuntos de características físicas dos Budas. Além disso, as marcas que se encontram sob a planta do pé são contadas em separado e consistem em um número variável de figuras lineares simbólicas de bom augúrio (roda, suástica etc.) que só são conhecidas na tradição dos Theravada.

In Filliozat, *L'Inde classique*,
EFEO, Imprimerie nationale, 1953

Os gestos do Buda

De uma prolongada recusa a qualquer representação humana do Buda, recusa responsável pelo aprazível – e com freqüência forte – conjunto de imagens não iconográficas, o budismo parece ter herdado um agudo sentido da santidade das imagens do Bem-aventurado. Este caráter sagrado das representações, pintadas ou esculpidas, viria a impor a todas as seitas todo um conjunto de regras precisas relacionadas tanto à representação quanto à execução das imagens do Buda.

De maneira geral, a imagem do ou dos Budas (o Buda histórico, os Budas do Passado e mesmo os transcendentais próprios do Mahayana) é definida por todo um conjunto de características físicas originais, por um aperfeiçoamento monástico particular apresentando certas estilizações e por atitudes e gestos mais ou menos codificados.

Plenamente aparentes desde o seu nascimento, algumas das características físicas de um Buda são – uma vez que nem todas são plasticamente passíveis de expressão – marcas (*lakshana*) do Grande Homem, ou seja, os sinais de perfeição do homem eminente entre todos os homens, do Predestinado, distinto dos seres comuns, chamado para tornar-se, graças aos méritos acumulados ao longo de incontáveis existências anteriores – seja um monarca universal, seja um Buda. Ainda que, para os artistas, a maneira de interpretar estas marcas possa variar de

acordo com os diferentes períodos e escolas, nem por isso é menos verdadeiro que algumas delas tenham adquirido um valor sinalético (a protuberância craniana ou *ushnîsha* e a cabeleira com cachos regulares, por exemplo). [...]

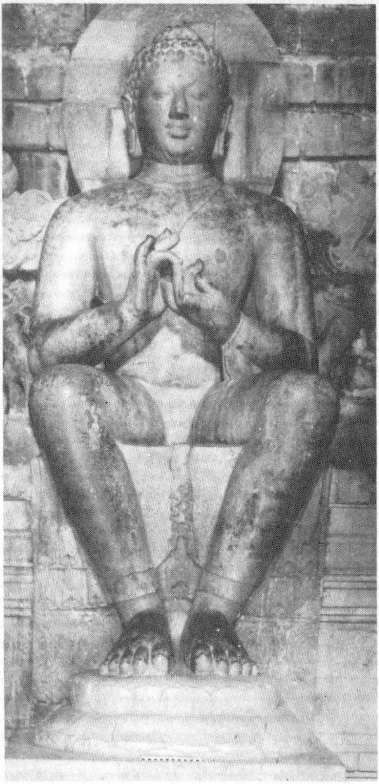

De pé (à esquerda) ou sentado com as pernas voltadas para o solo, à "européia" (acima), as posições do Buda são codificadas de maneira muito rigorosa.

As posições e os gestos são, em princípio, inseparáveis, ficando bem entendido que um determinado número de gestos só poderia ser realizado em determinadas posições específicas. [...] Abordaremos aqui somente as *quatro posições* em que um Buda pode ser apresentado iconograficamente. São aquelas em que ele se manifestou sob formas de aparição – como, por exemplo, por ocasião do Grande Prodígio mágico de Shravasti, destinado a confundir os Heterodoxos – e são as únicas autorizadas pelo decoro aos religiosos: de pé, caminhando, sentado, deitado. Ainda que a posição de caminhante só raramente tenha sido utilizada na escultura (como, por exemplo, na Tailândia, escola de Sukhothai, de uma maneira idealizada, ou na Birmânia, escola do Pagan, de uma maneira mais estilizada) e ainda que a posição deitada seja reservada sobretudo, porém não exclusivamente, à Grande e Total Extinção (Mahaparinirvana), as posições de pé e sentada desempenham um papel muito mais importante. Esta última, aliás, é interpretada de maneiras distintas: a postura indiana, de pernas cruzadas de maneiras variadas, ou a postura "européia", as duas pernas pendentes, os pés pousados no solo; somente a posição chamada de "repouso", com uma perna dobrada e a outra voltada para o solo, tão freqüente nas divindades bramanísticas e tão costumeiramente utilizada pelos Bodhisattvas, não se poderia atribuir a um Buda. Associadas a um conjunto de gestos apropriados mais ou menos determinados, estas posições permitem representar ou, no mínimo, evocar a maioria dos acontecimentos mais marcantes da vida do Buda, pelo menos a partir da Renúncia à vida mundana (a Grande Partida e o abandono das vestimentas principescas) e da busca da Iluminação até o Mahaparinirvana.

Desse modo, uma escolha de gestos bem definidos deveria permitir, em princípio, que se reconhecesse numa cena narrativa, pintada ou esculpida, ou mesmo numa imagem isolada, os momentos mais memoráveis da vida do Buda. [...]

Ainda que a lista e a designação dos gestos (em sânscrito, *mudrâ*) permaneça a mesma, independentemente da orientação da seita, devemos, não obstante, salientar que o budismo Theravada – ou seja, Pequeno Veículo, por oposição e com uma nuance pejorativa para com o Mahayana, Grande Veículo – sempre ignorou sua definição e mesmo a aceitação do termo (pali *muddâ*). Devemos observar ainda que o papel e a função atribuídos aos *mudrâ* diferem profundamente conforme um tal gesto em particular seja utilizado para evocar um momento mais ou menos preciso da vida do Buda histórico ou para caracterizar no Mahayana um dos Budas transcendentes.

Jean Boisselier,
Grammaire des formes e des styles. Asie,
Bibliothèque des Arts, Paris, 1978

A lista tradicional dos Mudrâ

Fazendo parte de uma lista bem mais longa que deve permitir descrever tanto os Bodhisattva e divindades de todos os níveis, bem como religiosos, somente seis *mudrâ* foram conservados e considerados como específicos do Buda, uma lista espantosamente restritiva, se nos referirmos unicamente ao testemunho da arte, mas em que, contudo, dois gestos só podem ser relacionados sem ambigüidade a milagres específicos. A seguir, a lista popularizada por todos os manuais:

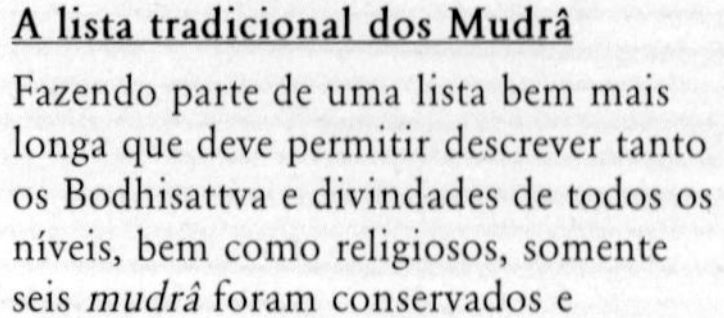

– *Dhyâna mudrâ:* "selo" da meditação, da concentração mental (também se diz: estado de *samâdhi,* o *samâdhi* é o ponto culminante da disciplina do espírito). A imagem, normalmente sentada ao estilo indiano, com o corpo bem ereto, é representada com as duas mãos repousando no regaço com as palmas voltadas para cima, uma sobre a outra. É em princípio a evocação da Obtenção da Iluminação Despertar, mas qualquer meditação do Buda impõe a escolha do mesmo gesto.

– *Varada mudrâ:* "selo" da caridade, da doação, do favor, oferecido a outrem ou recebido (também se diz *vara mudrâ*, *vara* significa escolha, objeto que se escolhe). O braço direito está estendido para baixo, a mão em posição supina, a palma oferecida, os dedos mais ou menos estendidos.

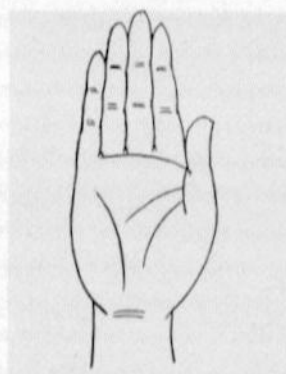

– *Abhaya mudrâ:* "selo" da ausência de temor (*bhaya*: medo, temor, terror, perigo, risco; *a*: prefixo privativo); de acordo com a etimologia, o gesto pode significar, simultaneamente, "que não teme nada" (por exemplo, por ocasião do assalto dos exércitos de Mara) e "que pacifica, acalma" (por exemplo: por ocasião da disputa entre os Koliya e os Sakya). O antebraço direito dobrado erguido em ângulo mais ou menos reto, a mão em pronação, é apresentada com a palma oferecida, os dedos voltados para o alto. [...]

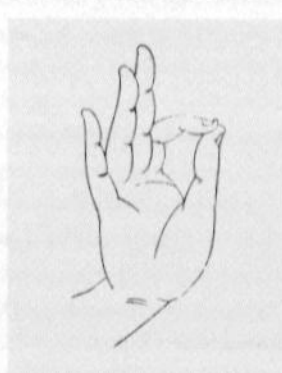

– *Vitarka mudrâ*: "selo" do raciocínio, da exposição (também se diz *vyâkhyâna*: exposição, narração; *cin*: pensamento, reflexão), em princípio o antebraço direito está dobrado, como na ilustração acima, mas por vezes costuma se aproximar mais do corpo; a mão é apresentada da mesma maneira, mas os dedos estão ligeiramente separados, e o polegar e o indicador estão unidos. O gesto pode ser feito por imagens sentadas (ao estilo indiano ou europeu) ou por imagens de pé. Nesse caso então a mão esquerda segura a dobra da vestimenta ou, a partir do período pala-sena, faz o mesmo gesto que a mão direita, mas está virada para baixo.

– *Dharmacakra mudrâ*: "selo" da Roda do Dharma (ou melhor, *dharmacakra*

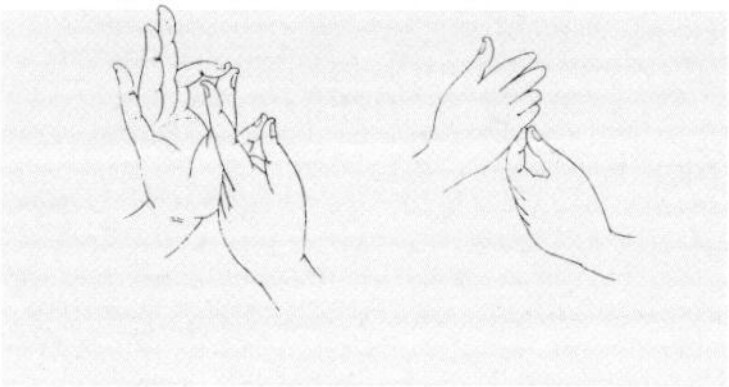

pravartana mudrâ: selo do Giro Inicial da Roda da Lei). De acordo com a denominação, é, por excelência, o gesto que simboliza o Primeiro Sermão ("Primeiro Impulso ou Movimento da Roda do Dharma) pronunciado em Sarnath, nas proximidades de Benares, na localidade de Rishipatana (pali, Isipatana), no Parque das Gazelas, mas também pode representar o Grande Prodígio Mágico de Shravasti; donde, para os artistas, a necessidade de especificar o cenário através de um contexto narrativo ou simbólico. O gesto consiste em levantar as duas mãos diante do peito, uma e outra no mesmo movimento que no *vitarka mudrâ*, mas com a distinção de que neste caso a mão esquerda vem se apoiar, com a extremidade dos dedos, contra a palma da mão direita. [...]

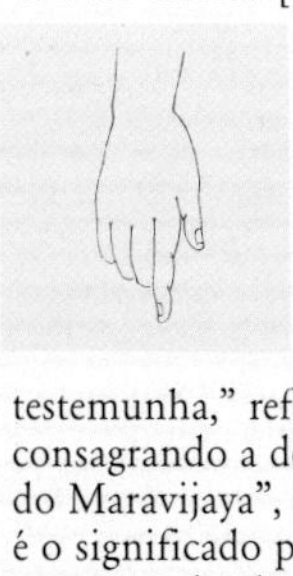

– *Bhûmisparça mudrâ*: "selo" de tocar a terra (também se diz *bhûsparçâ*, *bhû*: terra), mais freqüentemente designado como o "gesto de tomar a Terra (deificada) por testemunha," referência ao Prodígio consagrando a derrota de Mara, ou "gesto do Maravijaya", a Vitória sobre Mara, que é o significado preciso e único do gesto compreendendo uma idéia de imperturbabilidade. O gesto que só pode ser realizado por uma imagem sentada ao estilo indiano, consiste em tocar o assento com a extremidade dos dedos da mão direita, estendida sobre a coxa direita, mais ou menos à altura do joelho; a mão esquerda repousa no regaço.

Jean Boisselier,
La Grammaire des formes

Buda laociano "tomando a Terra por testemunha".

Do budismo antigo ao Mahayana

"As doutrinas das escolas antigas prepararam, por suas tendências e suas especulações, a concepção de um método superior de progredir em direção à salvação [...] ultrapassando o método antigo de progresso, de rigorosa disciplina técnica."

J. Filliozat

Gravura chinesa ilustrando o mundo do Dharma.

Depois do Mahaparinirvana, as diversas comunidades, privadas para o futuro das explicações que lhes dava o Buda e ainda não dispondo de registros escritos, tiveram a tendência de atribuir ao Ensinamento sua interpretação própria, sobretudo aprofundando "a análise da Lei" e tudo que enfatizava o Abhidarma – em "um retorno técnico sobre a Lei". E assim nasceriam e se multiplicariam, desde antes dos primórdios da era cristã, as doutrinas pertencentes ao Mahayana.

Meditar sobre os Três Tesouros

Desde épocas muito antigas o budismo tem Três Tesouros [ou Jóias]: o tesouro do Buda, o tesouro da Lei (*dharma*) e o tesouro da Comunidade (*sangha*), aos quais presta igual veneração. O primeiro é o Buda (histórico), o Onisciente que descobriu as nobres verdades; o tesouro da Lei é a doutrina e a disciplina religiosa por ele estabelecidas; o tesouro da Comunidade, em sentido estrito, é a ordem monástica fundada por este mesmo Buda.

Ao longo de cerimônias de iniciação e de ordenação, leigos e religiosos confirmam sua crença e prestam juramento de reverenciar e se dar totalmente ao Tríplice Tesouro ao declarar três vezes:

– Faço do Buda meu refúgio; faço da Lei meu refúgio; faço da Comunidade meu refúgio.

Não existe budismo autêntico sem esta tomada de refúgio (*çaranagamana*). [...]

Os Três Tesouros, preceitos fundamentais que figuram em primeiro lugar dentre os temas de celebração (*anusmriti*) a respeito dos quais o discípulo é convidado a meditar. Esses temas fundamentais são em número de seis, de oito ou de dez: 1. O Buda; 2. A Lei (Dharma); 3. A Comunidade; 4. As regras de moralidade; 5. A caridade; 6. As divindades; 7. A respiração, inspirada e exalada; 8. A morte; 9. Os elementos corporais; 10. A tranqüilidade.

Meditar sobre os Tesouros é a melhor maneira de triunfar sobre os temores que assaltam o monge solitário. Isto é o que se sobressai em vários textos, especialmente, em um velho sutra canônico intitulado *Dhâvajâgrasûtra* ("Sermão sobre a ponta do estandarte"). [...]

Nas fontes canônicas às quais acabamos de fazer alusão, os Três Tesouros são brevemente evocados numa fórmula idêntica, incansavelmente repetida:

"É ele o Thatagata, aquele que está certo, perfeita e plenamente iluminado, dotado das ciências e das práticas, o que Bem partiu, o conhecedor do mundo, o supremo condutor desses seres por domar que são os homens, o instrutor dos deuses e dos homens, o Buda, o Bem-aventurado.

A Lei foi bem formulada pelo Bem-aventurado; ela é recompensada na presente existência; ela é independente do tempo; ela exige que venhamos estudá-la; ela conduz ao bom lugar e deve ser conhecida interiormente pelos sábios.

A Comunidade dos discípulos do Bem-aventurado segue o caminho certo, segue o caminho do bem, segue o caminho do método correto, segue o caminho da vida correta. [...] Esta Comunidade dos discípulos do Bem-aventurado é digna de veneração, digna de acolhida, digna de oferendas, digna de ser saudada com as mãos unidas, ela é para o mundo o campo supremo de méritos."

Esta fórmula de veneração, exatamente com esta forma, com suas repetições e obscuridades, alimentou durante séculos a piedade de milhões de budistas. Ela resistiu à usura dos tempos e permanece sempre válida. A interpretação que lhe foi dada, contudo, variou bastante de acordo com os lugares e as épocas.

O motivo disso é que o budismo, no curso de sua longa história, enveredou por caminhos que conduziram a mudanças notáveis em seu ideal religioso, suas opiniões filosóficas e suas crenças relativas à própria pessoa do Buda.

Etienne Lamotte,
"Du Petit Véhicule au Grand Véhicule",
in Le Bouddhisme, sob a direção de
Lilian Silburn, Fayard, Paris, 1977

As Quatro Nobres Verdades

A doutrina do Buda consiste, como ele mesmo declarou em seu primeiro sermão, em quatro "nobres verdades". A primeira é a constatação fundamental da existência do sofrimento. O sofrimento consiste no nascimento, na doença, na morte, na reunião com aquilo que não se ama, na separação daquilo que se ama, na não obtenção daquilo que se deseja e no que se resume em cinco "conjuntos a serem adquiridos" (*upâdânakkhandha*). Esta constatação não é nada simples; através da última indicação ela se completa com uma opinião teórica ligando o caráter doloroso a tudo que diz respeito ao ser material e espiritual tal como este é representado doutrinariamente, em todos os conjuntos de coisas às quais ele se prende e que o conduzem aos sucessivos nascimentos. [...]

A verdade sobre a origem (*samudaya*) deste sofrimento é a segunda das nobres verdades. Ela consiste na sede – que poderíamos chamar de "apetites", anseios ou desejos – (*tanhâ*). Esta sede tem três formas: sede de "prazer" (*kâma*), sede de "existência" (*bhava*), sede de "inexistência" (*vibhava*). A primeira forma se explica por si mesma: os desejos são as causas do sofrimento porque eles não podem ser indefinidamente satisfeitos e também porque eles prendem às existências de sofrimento. A segunda visa o apetite direto dessas existências. A terceira é um apetite do nada que, por mais contrário que seja em seu objeto, nem por isso é menos um apetite e, como tal, um ato que tem fruto na existência; o suicídio resulta em renascimento.

A terceira verdade diz respeito à cessação do sofrimento (*nirodha*), que é o fim da sede geradora de renascimentos, associada ao prazer e à paixão, buscando por toda parte um superprazer.

A quarta verdade diz respeito ao "caminho que conduz à extinção do sofrimento" (*dukkhanirodhagâminî patipadâ*). Este caminho é uma "via de oito ensinamentos":

1. Visão perfeita (*sammâditthi*);
2. Representação perfeita (*s. sankappa*);
3. Palavra perfeita (*s. vâcâ*);
4. Atividade perfeita (*s. kammanta*);
5. Meio de subsistência perfeito (*s. âjîva*);
6. Aplicação perfeita (*s. vâyâma*);
7. Presença de espírito perfeita, plena percepção (*s. sati*);
8. Posicionamento perfeito do psiquismo; concentração, focalização da consciência (*s. samâdhi*).

A descrição das doutrinas búdicas se ordena de maneira muito natural e inteiramente de acordo com as quatro verdades. A representação búdica do estado das coisas no mundo é a base sobre a qual se fundamenta a primeira verdade constatando o sofrimento. Esta representação é uma cosmologia no que diz respeito à natureza, uma fisiologia e uma psicologia no que diz respeito aos seres.

J. Filliozat,
L'Inde classique,
EFEO, Imprimerie nationale, 1953

O espaço é povoado por incontáveis universos

Examinemos inicialmente como o Buda e seus discípulos representavam este mundo que tanto parece uma prisão. No espaço, que não se pode dizer se é finito ou infinito, estão dispersos incontáveis universos, todos formados sobre um mesmo modelo. Embaixo encontra-se o mundo do desejo. [...] Ele tem a forma de um cilindro de eixo vertical sobre o qual repousa o círculo superior de que vivem os homens, os animais e as divindades inferiores. No centro deste círculo eleva-se uma alta montanha, o monte Meru ou Sumeru, em torno do qual giram o sol, a lua e os outros astros. Na periferia, uma cadeia de montanhas circular limita o oceano, impedindo assim que as águas deste se derramem pelo espaço. Ao pé do monte Sumeru, nas quatro direções dos pontos cardeais, estendem-se quatro continentes. O continente meridional, o Jambudvipa, derivado do nome da árvore *jambu,* ou jambeiro-rosa, que marca o centro, é aquele do qual a Índia faz parte, e tem a mesma forma triangular desta. O continente setentrional, o Uttarakuru, é habitado por homens vivendo em perfeita felicidade, numa ociosidade inteiramente isenta de preocupações e aflições. Os dois outros continentes, o do leste e o do oeste, nada mais são que nomes.

Na meia encosta do monte Sumeru, em seu cume ou em cima deste, em palácios celestes, vivem os deuses do mundo do Desejo, especialmente os deuses da antiga religião védica sobre os quais reina Indra, que nos textos búdicos tem o nome de Çakra. Nas entranhas da terra ou nos intervalos entre os universos, os condenados ao inferno são submetidos a suplícios variados, de duração com freqüência extraordinariamente longa, do mesmo modo que a vida bem-aventurada dos deuses, mas, como esta, sempre limitada.

Acima do mundo do Desejo, a uma altura tamanha que os homens não podem nem sonhar perceber, encontra-se o mundo da Forma, habitado unicamente por deuses de corpo etéreo, mergulhados em meditações sem fim. Os quatro degraus ou estágios desse mundo correspondem, de fato, às quatro etapas da meditação budista. Praticando-a assiduamente os monges se asseguram, entre outras coisas, da possibilidade de renascer entre esses deuses. O estágio

Baixo-relevo de Boroboudour.

inferior é a morada de Brahma que, com Çakra (Indra), desempenha um papel importante na lenda búdica. Esses deuses do mundo da Forma são de todo pureza e de todo luz, seu corpo diáfano não tem qualquer necessidade de absorver alimentos e seu pensamento não saberia conceber o menor desejo impuro. Ao abrigo das máculas do nascimento, eles aparecem espontaneamente no céu, sem ter pai nem mãe.

Acima do mundo da Forma, ou fora do espaço, fica o mundo da Não-Forma, cujos quatro estágios correspondem às quatro concentrações ditas imateriais (objetos de meditação), também chamadas de pensamentos incomensuráveis. Nele vivem os deuses desprovidos de corpo, puros espíritos absorvidos que passam toda sua vida, de duração vertiginosamente longa, em estados psíquicos vizinhos à inconsciência total ou consciência pura.

Esta é a prisão na qual os seres vivem, mudando de estágio a cada morte, passando de um para o outro dos cinco destinos dos condenados à danação, almas penadas famintas errando sobre ou sob a terra, animais, homens e deuses. Agora vejamos como, segundo o Buda, são constituídos esses seres.

A impermanência dos seres e das coisas

Apesar de sua extrema diversidade, os seres vivos têm características comuns que compartilham com todos os seres inanimados, minerais, vegetais, idéias, funções mentais etc., a exceção sendo o nirvana. Todos, realmente, são compostos e, conseqüentemente, condicionados. Em virtude disso, eles têm uma produção, um certo tempo de duração, um declínio ou alteração e uma cessação que são as quatro características comuns a todos os seres compostos. Tudo que é composto possui uma origem e procede de condições e de causas exteriores a si mesmo. Tudo que tem uma origem terá necessariamente um fim. [...] Mesmo o próprio universo, ainda que sua duração seja extremamente longa e seja medida em milhões de anos, passa por fases de criação, de desenvolvimento, depois de declínio e de destruição, os agentes desta sendo, alternadamente, o fogo, a água e o vento. Cada ser, portanto, nada mais é que um encadeamento de fenômenos passageiros que se seguem, condicionando-se estreitamente uns aos outros. De modo que, quando um homem morre, depois renasce no corpo de um animal, este último não é inteiramente diferente do primeiro, uma vez que tudo nele, seu corpo, sua vida, seu espírito, sua longevidade, seus prazeres e suas aflições, não tem outras causas senão os atos do homem que o precedeu. Há entre eles uma relação análoga à que existe entre o bebê e o adolescente, entre o homem maduro e o velho que não são totalmente idênticos uns aos outros, nem tampouco realmente diferentes.

Portanto, a primeira característica das coisas compostas é a impermanência. Ora, é precisamente porque são impermanentes que elas são dolorosas; é porque a vida, mesmo a vida extraordinariamente longa dos deuses, se acabará com a morte, que ela é dolorosa; é porque os seres e as coisas que amamos são levados pela morte, porque todo momento de felicidade é ameaçado pela separação, pela doença, por preocupações e angústias, que toda existência é sofrimento. Este segundo caráter das coisas compostas, portanto, de nós mesmos, teria sido, recordemo-nos, o primeiro objeto da grande descoberta do Buda, o problema que ele quis resolver.

Dolorosas, as coisas compostas são igualmente vazias, isto é, privadas de qualquer elemento estável ao qual possamos nos agarrar, sobre o qual possamos construir uma felicidade eterna, ao abrigo das vicissitudes perpétuas da existência.

André Bareau, *En suivant Bouddha*, Philippe Lebaud, Paris, 1985

O Bodhisattva Avalokiteshvara (escultura japonesa, em madeira, do século VII).

Como, com o passar do tempo, a Comunidade produziu ramificações

Mesmo durante a vida do Buda, já haviam surgido tendências marginais no seio de algumas comunidades. Nascidas da mesquinharia ou do apetite pelo poder de alguns, da falta de laços entre os grupos dispersos, elas deveriam crescer depois do desaparecimento do Mestre, motivando a convocação dos primeiros concílios.

Por falta de uma autoridade suprema que definisse e impusesse a ortodoxia, o Samgha logo se dividiu em grupos (*nikâya*), escolas ou seitas sustentando idéias diferentes sobre a interpretação dos ensinamentos do Buda e sobre a adaptação deles às novas circunstâncias. Desse modo, cerca de 20 desses grupos se formaram, uns após os outros, no seio do budismo antigo que, entretanto, permaneceu fiel aos princípios da doutrina. Apenas um subsistiu até nossos dias, o da escola Theravada, que ainda prospera no Sri Lanka e no Sudeste Asiático. Dentre os outros, os grupos mais importantes foram o Mahasamghika, o Vatsiputriya, o Saravastivada, o Sammatya e o Mahishasaka, o Dharmaguptaka, o Lokottaravadina e o Purvaçaila. Todos estes grupos desapareceram há mais de dez séculos.

Logo no início da era cristã, surge uma nova forma de budismo que rapidamente toma grande amplitude. Este budismo se chama Mahayana ou "Grande Veículo" e, pejorativamente, chama o budismo antigo de Hinayana, ou "Pequeno Veículo". Desprezando o ideal do *arhant*, que julga ser egoísta, em vez disso convida o adepto a seguir o exemplo do Buda para tornar-se nesta vida um *bodhisattva,* que se esforça, durante incontáveis existências, para trazer à sua perfeição (*pâramitâ*) a prática de grandes virtudes, em particular a compaixão, a doação de si mesmo (*dâna*) e a sabedoria (*prajñâ*). Pleno de uma compaixão infinita, o *bodhisattva* está sempre pronto para sair em auxílio de todos os seres, desse modo abandonando, se preciso for, todos os seus bens e até mesmo sua vida, e para conduzi-los à Libertação, desse modo renunciando à sua própria libertação, que poria fim à sua ação salvadora. Por sua profunda sabedoria, ele compreende a verdadeira natureza das coisas e dos seres, a saber sua vacuidade inerente (*çûnyatâ*) de natureza própria. Ao contrário do que faz o *arhant,* absolutamente não é necessário tornar-se monge para ser um *bodhisattva.* Sem deixar de venerar o Buda, a multidão dos fiéis dedica-se com fervor ao culto dos *bodhisattva* e recorre a eles em caso de necessidade. Os mais célebres desses salvadores são Avalokiteshvara, o grande compassivo, e Maitreya, que será o próximo Buda.

A busca da "sabedoria perfeita" (*prajñâ-pâramitâ*) rapidamente conduz os estudiosos do Mahayana a aprofundar a doutrina nesta nova direção. Em torno de 200 d.C., Nagarjuna deu bases sólidas à tese da vacuidade universal, fazendo o cerco a qualquer noção de substância através de uma dialética extremamente sutil; desse modo foi fundada a escola do Madhyamaka. Dois séculos depois, Asanga fundaria a filosofia Yogashara ou Vijnanavada, ao instaurar um sistema complexo, tendo por base um idealismo absoluto, em que todos os fenômenos percebidos são apenas representações da consciência, algo de que se consegue convencer através da prática de exercícios especiais de ioga.

No século VII, surgiu uma outra forma de budismo, chamada Vajrayana ("Veículo de Diamante ou do Raio") ou, mais freqüentemente, escola tântrica, pois seus livros sagrados eram chamados *tantra.* Ela combinava a prática de ioga com um ritual bastante complicado, mesclado de magia, venerando uma multidão de divindades, de budas e de *bodhisattva.* Sua doutrina, esotérica, se apoiava na doutrina de Asanga, da qual extraía as conclusões mais arrojadas, ensinadas por seitas diversas que prosperaram até o desaparecimento do budismo na Índia.

Este desaparecimento ocorreu por volta do século XIII, quando os exércitos muçulmanos invadiram Bengala, último feudo do budismo. Na verdade este vicejou ainda um pouco em outras partes, depois de uma longa decadência, devido a diversas causas, dentre elas devemos sobretudo considerar a ampla disseminação do hinduísmo, que pouco a pouco foi estendendo sua influência sobre toda a civilização indiana, inclusive sobre o budismo tardio e privando as comunidades do sustento necessário por parte de seus fiéis leigos.

André Bareau,
in Le Grand Atlas des Religions,
Encyclopædia Universalis, 1988

Permanência e vitalidade do budismo dos antigos

Logo de início houve o budismo dos Shravaka (Ouvintes), ou dos discípulos imediatos, cujo ideal religioso é afastar os adeptos do sofrimento universal para conduzi-los ao nirvana e que, do ponto de vista filosófico, professa a inexistência da alma individual (*pudgalanairâtmya*) e reconhece da realidade somente os fenômenos psicofísicos da existência.

Os Shravaka, cujas origens remontam à aparição do Buda Shakyamuni, enxamearam por toda a Índia e logo se dividiram [...].

Esta fragmentação se explica por motivos geográficos e religiosos. Contudo, se as 18 seitas se confrontaram com relação a pontos secundários de doutrina, de disciplina e, mais particularmente, sobre a maneira de conceber o Buda, todas permaneceram fiéis a seu ideal primitivo: o rápido acesso ao nirvana de acordo com o caminho traçado por Shakyamuni.

Nem todas as 18 seitas sobreviveram às contingências do tempo, mas o budismo dos Shravaka perpetuou-se até os dias de hoje. [... *Reunificado por volta de 1160 no Sri Lanka por iniciativa do rei Parakrama bâhu I (1153-1186), o Theravâda, "doutrina dos antigos", continua a florescer no Sri Lanka, na Birmânia, na Tailândia, no Camboja e no Laos.*] Sua profissão de fé no fundamento dos Três Tesouros: o Buda, o Dharma e a Comunidade, permanece a mesma que há 20 séculos e continua a utilizar a fórmula antiga.

Esta, para ser bem compreendida, exigia algumas explicações. Elas foram codificadas, em torno do século V de nossa era, pelo grande mestre cingalês Buddhaghosa. Em seus comentários sobre os velhos escritos canônicos e sobretudo em sua obra capital o *Visuddhimagga*, "Caminho para a Pureza", este estudioso retoma as fórmulas mencionadas, as explica palavra por palavra e as esclarece com algumas citações de textos. [...]

Nos primórdios de nossa era, um novo gênero de budismo veio se justapor ao budismo dos Shravaka: o dos *bodhisattva*, ou dos futuros Buda. Em oposição ao primeiro, que qualificava de Pequeno Veículo (Hinayana), atribuiu-se o título de Grande Veículo (Mahayana), isto é o Grande Meio de Evolução. Este movimento, que deu origem a uma copiosa literatura, a dos *Mahâyânasûtra*, também chamados *Vaipulyasûtra* (Textos de longos desenvolvimentos), conheceu um grande sucesso na Índia antes de se disseminar por todo o Extremo Oriente, pela Ásia Central, China, Coréia, Japão e Indochina.

Etienne Lamotte,
"Du Petit Véhicule au Grand Véhicule",
in Le Bouddhisme, op. cit.

Os bodhisattva e seu papel no Mahayana

Na qualidade de adeptos do Mahayana, os bodhisattva retardam sua entrada no nirvana e concentram seus esforços na produção do Pensamento do Despertar (*bodhicittotpâda*): eles fazem um juramento de se consagrar indefinidamente ao bem e à felicidade de todos os seres ao mesmo tempo que tomam a resolução de um dia acederem ao Supremo Despertar que fazem os Budas.

Estátuas das mil transformações do Buda (Coréia, séc. VIII).

Este Supremo Despertar – ou, como também se diz, Perfeita Iluminação – consiste em conhecer todas as coisas, não só em suas três características gerais – a impermanência, o sofrimento e a impersonalidade –, mas ainda sob seus inumeráveis aspectos: não se trata mais apenas de uma ciência e sim de uma onisciência, de um conhecimento universal.

Todavia, segundo o Mahayana, as coisas são desprovidas de natureza própria e de caracteres e, em conseqüência disso, escapam a todo nascimento e a qualquer destruição. Não contentes de proclamar com os Shravaka, a impessoalidade dos fenômenos psicofísicos da existência, os bodhisattva declaram estes fenômenos absolutamente inexistentes ou existindo somente na mente dos seres conscientes. Em uma palavra, de acordo com esta nova ótica, a rejeição do indivíduo (*pudgalanairâtmya*), já professada pelos Shravaka, deve ser completada pela rejeição das coisas (*dharmanairâtmya*).

O fato de não mais ver as pessoas e as coisas absolutamente não impede os bodhisattva de se consagrarem ao bem e à felicidade universal, pois se sua atividade altruísta é condenada do ponto de vista absoluto (*paramârtha*), ela se justifica do ponto de vista prático (*samvriti*). À sabedoria que o impede de ver e de conceber, o bodhisattva alia uma grande capacidade e disposição de meios salvadores (*upâyakausalya*) que o tornam supremamente benfazejo.

Etienne Lamotte,
"Du Petit Véhicule au Grand Véhicule",
in Le Bouddhisme, op. cit.

A expansão do budismo na Ásia

Ensinada pelos monges em todos os lugares por onde eles circulavam, a Doutrina do Buda foi objeto de interpretações diversas, de acordo com as línguas e as culturas locais. Esta tendência se ampliou quando novas comunidades, por sua vez, empreenderam a propagação dessa doutrina diversificada em outras regiões de missões.

A difusão do budismo

Ao contrário do hinduísmo, o budismo é uma religião missionária uma vez que é um dever fazer a dádiva da Lei [dos ensinamentos do Buda]. Além disso, o budismo jamais esteve ligado a uma língua considerada como sendo sagrada, de modo inverso ao hinduísmo, que conserva o sânscrito intacto: os monges se dedicaram a traduzir as palavras do Buda para todas as línguas dos lugares onde deveriam pregar; somente a interpretação deveria permanecer fiel. Foi por este motivo que o budismo pôde se difundir por toda a Ásia, num dos mais poderosos movimentos de civilização que a humanidade conheceu. [...]

Desde os primórdios de nossa era, partindo de Cachemira, o budismo ganhou os reinos gregos (ao norte do atual Paquistão e do Afeganistão): a arte greco-budística ali floresceu e pela primeira vez os artistas esculpiram estátuas do Buda. Atingiu os limites do mundo iraniano e, seguindo as grandes correntes comerciais, "a rota da seda", chegou aos oásis da Ásia Central, cujas populações aliavam as culturas iraniana, indiana e helênica numa civilização extremamente requintada: nessa região os estudos de sânscrito eram de primeiríssima ordem. A partir dali, o budismo pôde se disseminar na China.

[Ainda que as relações da península indochinesa com o subcontinente indiano pareçam comprovadas desde os séculos V-III a.C., foi apenas por volta dos séculos III-V de nossa era que esta desempenharia o papel de intermediária privilegiada no desenvolvimento das relações entre a China Meridional e a Índia. Por volta do século V, esses contatos assumem toda sua importância em torno da península central da Malásia, ganhando todas as regiões costeiras do mar da China do Sul.]

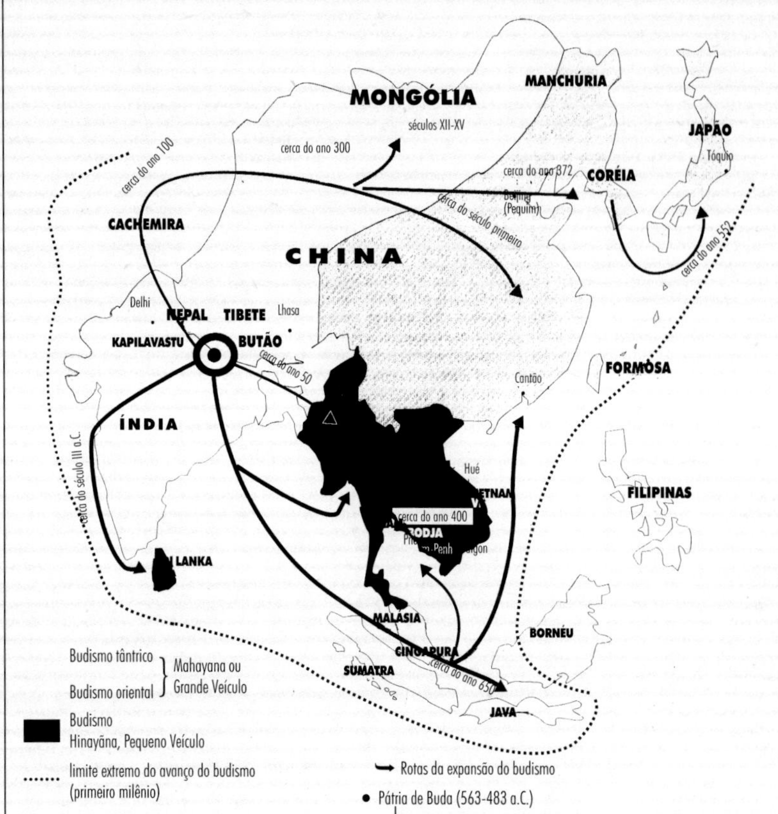

Expansão do budismo até o 1º milênio.

Quanto ao Vietnã, a ação missionária se desenvolveu no final do século II, graças a monges vindos da Índia pelo mar, que ali faziam escala na rota a caminho da China; durante este período o budismo chegava por via terrestre por intermédio da influência chinesa.

Murielle Moullec, *in Le Bouddhisme*, sob a direção de Lilian Silburn, Fayard, Paris, 1977

O budismo chinês

O budismo, única religião estrangeira a ter tido um impacto tão profundo sobre a civilização chinesa, foi transmitido e assimilado, essencialmente sob sua forma mahayânica, no curso de um longo processo que se estendeu do século II ao século VIII, aproximadamente, e que foi produto de diversas interações: por um lado, a chegada de missionários estrangeiros que afluíram incessantemente para as sucessivas capitais, vindos da Índia, de Parthia, da Báctria, de Sogdiana e das cidades-oásis do atual Turquestão

Budas esculpidos no rochedo, na China (caverna de Yung Kang, século V).

chinês; por outro lado, as reações a este ensinamento por parte dos convertidos chineses que não demoraram muito a formar comunidades monacais, de início ajudando nas traduções, depois elaborando suas próprias interpretações e doutrinas, por vezes partindo em excursões para as regiões ocidentais em busca de tradições mais autênticas. Também houve a reação dos mantenedores dos dois sistemas tradicionais, o confucionismo e o taoísmo, e finalmente o jogo dos diferentes poderes políticos que procuraram utilizar as religiões para melhor servir a seus interesses.

A historiografia tradicional conservou diversas versões da vinda do budismo para a China. No Ocidente, de longa data, se conhece a que é, sem dúvida, a mais legendária e que é atribuída ao imperador Ming do período Han posterior: devido a um sonho que ele teve com um "Homem de Ouro" vindo apresentar-se na corte de seu palácio, foi enviada uma missão ao reino dos Yuezhi [...]; o retorno dos emissários à capital, Luoyang, com os dois religiosos estrangeiros, Kashyapa Matanga e Zhu Falan, que foram instalados no monastério do Cavalo Branco, em Baimasi [...]. Todo o episódio teria se passado em torno de 67 d.C. Esta lenda foi muito atacada pelos modernos, que em vez dela preferem uma outra história tradicional que relata uma transmissão oral dos textos búdicos por um enviado deste mesmo reino de Yuezhi, no ano 2 a.C., na então capital, Chang'an. Em todo caso, podemos admitir uma dupla via de penetração, uma oficial e outra privada, efetuando-se por influência recíproca entre os comerciantes do oeste e os centros sociais chineses durante séculos. Também foi na segunda metade do século II que se organizou a tradução das escrituras, sobretudo com os monges budistas An Shigao, de Parthia, e Lokakshema (Zhi Chen), de Yuezhi, organizando equipes nas quais participaram letrados chineses. [...] Zhu Shixing (século III) foi o primeiro chinês a receber os ordenamentos monásticos completos, e morreu em Khotan, em busca de sutras, iniciando a linhagem dos monges peregrinos chineses, dentre os quais se destacariam, como os principais representantes, Faxian (morto aproximadamente em 420), Yijing (635-713) e sobretudo Xuanzang (602-664), que depois de uma longa estada na Índia disseminou as doutrinas Yogacara, fundando a escola Faxiang, renovou os métodos de tradução e deixou um relato detalhado de sua viagem, o *Xiyuji*.

A assimilação do budismo pelo pensamento filosófico chinês se processou muito lentamente. De início, o budismo se beneficiou, por assim dizer, de uma confusão com o taoísmo, que se reflete na escolha dos primeiros textos traduzidos, com freqüência tratados práticos de meditação, próximos da "alquimia interna". Os eruditos do século IV ficaram fascinados pelo conceito de Vacuidade (*kong*) da Prajnaparamita e quiseram aplicar as categorias provenientes de Lao

Tsé e Zhuangzi à exegese do budismo; foi o surto de desenvolvimento do *geyi* ou "adaptação dos sentidos", que, embora tenha dado origem a mal-entendidos, permitiu a implantação do budismo nos círculos dos estudiosos e na mentalidade geral.

No flanco do confucionismo, o budismo também soube se adaptar ao utilizar escritos indianos que ilustram a virtude cardeal chinesa da piedade filial (*xiao*) [...].

A implantação do budismo na China se manifestou pela abundância de escolas e de seitas: Dao'an (315-385), discípulo de Fotudeng, organizou uma comunidade sólida onde se praticava a exegese e a meditação (*dhyâna*) e foi o iniciador do culto a Maitreya (Milefo), o buda do futuro, que desempenhou um papel importante na escola do *tch'an* e na religiosidade popular. [...] Duas grandes escolas religiosas e filosóficas surgiram no período das dinastias Sui e Tang: o Tiantai, tendo como base o pensamento de Zhiyi (538-598, tido como patriarca fundador) e de seu mestre Huisi (515-577), é uma exegese e uma prática fundamentada no *Sutra do Lótus*; [...] e depois a escola Huayan, tendo como escritura fundamental o sutra Avatamsaka e por patriarca fundador Fazang (643-712), protegido da imperatriz Wu Zetian (624-705), grande opositor da escola Faxiang, mencionada anteriormente. [...]

Depois da grande perseguição da metade do século IX e da reação antiestrangeira que se seguiu à queda dos mongóis durante a dinastia Ming, o budismo periclitou em sua forma clássica, mas a devoção por Amtabha se manteve em associação com o *tch'an*, fenômeno que perdurou até a época moderna. O pensamento erudito tornou-se sincretista com o movimento das "três doutrinas em uma" (*sanjiao guiyi*), que queria reunir em um único sistema o taoísmo, o confucionismo e o budismo.

Seus representantes mais ilustres foram Zhuhong (1535-1615), Zhixu (1599-1655) e Deqing (1546-1623). Desse modo, o budismo acabaria por se integrar ao pensamento chinês, nele se diluindo.

Jean-Noël Robert,
"Le Bouddhisme chinois",
in Encyclopædia Universalis, Paris, 1985

A busca da Iluminação através da meditação: o Tch'an (ou Chan)

Foi na escola do *Tch'an* (*dhyâna*) que o budismo de inspiração chinesa demonstrou toda sua dimensão. O *Tch'an,* escola da "concentração", é voltado para a prática da vida interior e sobretudo para a realização no seio da atividade cotidiana, mas unicamente para isso. Ele amaldiçoa a especulação intelectual e o ritualismo, limita, quando não exclui, o recurso às Escrituras, é deliberadamente iconoclasta, de fato, blasfemador, não por princípio, mas porque seu objetivo é obter a Iluminação instantânea, através do caminho mais curto, ainda que seja brutal.

Numa reação contra o budismo da corte, a opulência monástica ou as facilidades da Terra Pura, o *Tch'an* constitui um retorno à simplicidade e à pobreza, a uma busca ardorosa e a uma insistência sobre o vivido, o comportamento cotidiano longe de toda teoria, que evocam o budismo primitivo. Porém, como verdadeira seita mahayânica, situa-se de imediato, à primeira tentativa, na Iluminação, não conhecendo nada além dela, não ensinando nada além dela. Afinal, nada mais importa, e sua realização é muito simples: basta um elã, uma intuição, um salto perigoso sobre a ponta de uma agulha, um passo a mais quando se está no topo da estaca! O mestre do Tch'an quer provocar este gesto e nada que não seja ele; todo o resto será dado por acréscimo. [...]

Pela importância que atribui a este ato livre e espontâneo, a seita mais chinesa e a mais progressista do Grande Veículo une-se ao budismo antigo. Que a lição do Tao e sua virtude não lhe seja absolutamente estranha é certo, mas não diminui a autoridade, nem tira a força do comentário: aqui e lá, o Espontâneo é eficiência.

Este aspecto explica a influência do *Tch'an* na arte. O espontâneo, o real pode se exprimir através do pincel ou da espada, da mesma forma que através do bastão ou do abano. [...]

O método do *Tch'an,* que escapa às convenções tradicionais e em parte à autoridade dos sutras, tem como fundamento o valor do mestre e a transmissão "ao Coração pelo Coração" – *sin,* em chinês, "coração" ou "consciência", pouco importa qual seja a palavra uma vez que é inútil buscar uma representação.

Marinette Bruno,
in Le Bouddhisme, op. cit.

Na Coréia e no Japão

A assimilação do budismo pela China tornou possível sua difusão no conjunto

do mundo de cultura chinesa, pois a civilização chinesa com freqüência utilizou o budismo como veículo. A partir do século IV [...], os pequenos reinos da Coréia foram evangelizados e o budismo ali prosperou rapidamente. No século XI, a Coréia até mesmo fez sua própria edição do cânone. Como resultado dos intercâmbios entre a Coréia e o Japão, numerosos coreanos budistas se instalaram no Japão.

A forte reação nacionalista shintoísta fez com que o budismo nunca pudesse se tornar uma religião principal no Japão. Entretanto ele usufruiu da proteção do príncipe Shotoku Taishi (574-622), que promulgou a primeira Constituição do Japão sobre bases búdicas: o artigo 2 de fato recomendava a veneração dos Três Tesouros como "derradeiro fim de tudo o que é e como o único fundamento de todos os países". O príncipe mandou vir artesãos, sábios e monges da Coréia, enviou monges à China; encarregou-se pessoalmente de comentar *sutras.*

A partir de então o budismo foi aceito: no século VIII, a comunidade budista teve representantes no seio do

governo [...]. O Dharma penetrou no povo a tal ponto que se produziu um amálgama entre os Budas, os bodhisattvas e os *kami,* divindades ancestrais do shintoísmo. Enquanto isso, uma elite de monges estudava nos monastérios e, a exemplo das escolas chinesas, formaram-se seitas de acordo com as preferências doutrinárias. [...]

Posteriormente, depois de uma decadência religiosa e moral, assistiu-se a uma renovação do budismo nos séculos XII e XIII com a seita de Honen, que defendia a invocação do Buda Amida, a seita Nichiren e o Zen.

Murielle Moullec,
in Le Bouddhisme, op. cit.

O Zen

A escola do Zen se desenvolveu na China. Um religioso chamado Bodhidharma (em japonês, Daruma), a respeito de quem muito pouco se conhece [...], é considerado seu fundador. Mas foi Hui-neng (638-713), sexto patriarca da escola, quem mais contribuiu para seu desenvolvimento. O termo *zen* (em chinês *tch'an*), que pode se traduzir de forma aproximada por "meditação", é uma transcrição abreviada que corresponde ao sânscrito *dhyâna.*

[...] Foi no final do século XII, quando o Zen chinês já estava fracionado em diversas ramificações, que veio do Japão um monge da seita Tendai, chamado Eisai (1141-1215), que tivera inicialmente a intenção de se aperfeiçoar em esoterismo. Associou-se a um mestre Zen da escola Lin-tsi e, depois de vários anos de estudos, retornou ao Japão e fundou a seita Rinzai, em 1191. Alguns anos mais tarde, um religioso chamado Dogen (1200-1253), que também havia estudado no Monte Hien e posteriormente tornara-se discípulo de Eisai, por sua vez foi à China. Dogen estudou o Zen da escola Ts'ao-tong e, em sua volta, em 1227, fundou a segunda seita Zen do Japão, Soto.

[...] A escola Zen nos convida a ver claramente o que está em nós, o que supõe, segundo ela, que nosso espírito consiga alcançar um estado em que ele fica "vazio" daquilo que costuma preenchê-lo habitualmente: espaço, tempo, afirmação e negação, bem e mal. Este estado, contudo, é lúcido; os japoneses deram-lhe o nome de *satori,* que significa "compreensão" na linguagem corrente. [...]

As escolas Zen, a da seita Soto particularmente, recomendam a meditação numa posição sentada (*zazen*), suficientemente confortável para que o espírito não tenha preocupações, pois ele não deve ter nenhuma, nem mesmo a de atingir a Iluminação que deve se produzir por si só. Um outro exercício característico do Zen consiste em refletir sobre problemas aparentemente absurdos e que não comportam solução lógica (*kôan*). Os mestres têm também o hábito de dar fortes pancadas na cabeça ou nas costas dos discípulos, de fato golpes de bastão. O objetivo dessas práticas é o mesmo: induzir o discípulo a um tal estado mental que seu espírito fique totalmente desconcertado e assim torne-se disponível para o despertar de um nível mais profundo da mente e para a Iluminação. [...]

Foi sobretudo nas províncias e em círculos relativamente populares que o Soto se desenvolveu. O Rinzai se difundiu, pelo menos no princípio, nas classes mais altas, em particular entre os guerreiros de Kamakura e, logo em seguida, de Kyoto, junto aos quais encontrou muitos seguidores. Os guerreiros foram atraídos por uma religião que dizia não precisar de livros, nem de cerimônias, nem de preces, e exigia em troca uma forte disciplina moral.

Gaston Renondeau e Bernard Frank,
in Présence du Bouddhisme,
Gallimard, Paris, 1987

O budismo tibetano

Moinho ou cilindro de oração (utensílio sagrado de uso universal em todas as regiões lamaístas).

Introduzido no Tibete por volta do século VII d.C., sob patrocínio real, o budismo pouco a pouco conquistou todos os estratos da sociedade que transformou profundamente. Depois de seu desaparecimento na Índia, o Tibete tornou-se um centro de difusão e a forma tibetana de budismo conquistou o conjunto dos países do Himalaia e a Mongólia depois do século XVI; desfrutou também de certa influência na China, a partir da dinastia Yuan.

Para fontes tardias que relatam a introdução do budismo por ocasião do que elas denominam de “a primeira difusão”, a história foi substituída pela lenda: a conversão do Tibete se inscreve em um plano divino cujos instrumentos foram os reis da dinastia que, no final do século VI, havia unificado o país e empreendido uma notável política de expansão; esses reis são idealizados segundo a imagem indiana do “rei que governa de acordo com o Dharma”. Por conseqüência, a conversão teria sido rápida e maciça, com a condução de numerosos pânditas convidados para o Tibete, dos quais os dois principais, Santarakshita e Padmasambhava (a respeito de quem não existe nenhuma certeza histórica), são considerados como os iniciadores das duas correntes que deveriam formar o budismo tibetano, o Mahayana e o Vajrayana, ou o tantrismo. [...]

Sem dúvida, durante este período, o budismo foi implantado por ordem real, o primeiro monastério – Bsam-yas – construído e foi empreendida a tradução intensiva dos textos canônicos com a elaboração de um vocabulário apto a traduzir o sânscrito e as noções budistas. [...]

No século IX, a derrocada da dinastia trouxe consigo a derrocada da estrutura eclesiástica budista que ela patrocinava. Sabe-se muito pouco sobre a sobrevivência do budismo no Tibete até seu ressurgimento, no século X, no que os tibetanos chamam de “a segunda difusão”. [...] Foi para pôr fim às práticas tântricas desviantes e para restaurar a pureza da doutrina e das práticas que o rei de Guge, Ye-shes-'od, decidiu reatar os antigos laços religiosos com o mundo indiano, para onde enviou estudantes. [...]

Mas o verdadeiro reformador do budismo tibetano foi Atisa (982-1054), célebre monge convidado pelo sucessor de Ye-shes-'od para vir ao Tibete ocidental, onde chegou em 1042. Reservando seus ensinamentos tântricos para os discípulos mais próximos, pregou o budismo mahayânico e em particular restaurou as exigências da vida monástica. Foi ele, provavelmente, quem difundiu, atribuindo renome ao culto de Avalokitesvara, considerado desde então o protetor titular do Tibete: sua fórmula, seu *mantra*: *om mani padme hûm*, desde aquela época, continua sendo repetido infinitamente em moinhos de preces, em bandeiras, em pedras gravadas e pela boca de todos os tibetanos. [...]

No século XVI delineia-se a potência política da escola mais recente, a dos "Virtuosos" (*Dge-lugs-pa*), fundada por Tsong-kha-pa (1357-1419). Baseando-se em tratados filosóficos budistas indianos e de Atiça, este último expôs em obras magistrais os princípios do Mahayana e dos tantras. Ele integrou as duas abordagens, retomando a gradação introduzida por Atiça segundo a qual o Hinayana (Pequeno Veículo) é a voz destinada aos seres de capacidade mediana, o Mahayana (Grande Veículo) dirige-se aos seres de boas capacidades, e o Vajrayana (tantrismo) sendo a via rápida reservada para os seres de capacidades intelectuais e espirituais superiores. [...] A escola é conhecida como a dos Novos Bka'-gdams-pa. Seu sucesso foi muito rápido. Participando no jogo político, ela acabou por impor seu domínio sobre todo o país no século XVII, sob a autoridade da quinta reencarnação de um discípulo de Tsong-kha-pa: o quinto dalai-lama, de acordo com o título mongol concedido a esta linhagem a partir do século XVI. Com variações menores, a forma de governo religioso estabelecida nessa época, por vezes definida como teocracia, se manteve até o exílio do atual décimo quarto dalai-lama, em 1959, por pressão da China comunista.

Anne-Marie Blondeau,
"Le Bouddhisme tibétain",
in Encyclopædia Universalis, Paris, 1985

O lamaísmo

O lamaísmo, contudo, tem um aspecto próprio, pois ele acentuou certos traços tântricos e, sobretudo, integrou muitos elementos pertencentes às crenças que existiam antes dele (ou que em seguida coexistiram com ele) no Tibete. [...]

O lamaísmo reserva prática da atividade religiosa aos especialistas – monges ou eremitas – aos quais os fiéis se limitam a pedir a intervenção, muito freqüentemente sem participar eles próprios nos ritos e cerimônias, aliás longas e complexas ou secretas. [...]

Todavia, se não se exige aos fiéis que façam doações à igreja e aos pobres e de levar uma vida de acordo com padrões morais, para acumular méritos tendo em vista uma existência ulterior melhor; se lhes basta fazer peregrinações, girar em torno de objetos sagrados, acender lamparinas diante de estátuas de divindades; ou ainda recitar fórmulas sagradas (os *mantras*), o que aliás pode se fazer mecanicamente (graças aos famosos "moinhos de oração"); espera-se entretanto que estes fiéis façam tudo isso com fé, concentração e um certo apagamento do ego, pois é a fé mais que qualquer outra coisa, que aliada à concentração, torna as práticas eficazes. [...]

A meditação, "prática essencial desta religião de monges", é de modelo tântrico indiano, como o são também as práticas de ioga. Tem como eixo uma das divindades do abundante panteão búdico (com freqüência a deusa Tara, que é uma das mais populares) e consiste, não somente em invocá-la, mas em "criá-la" mentalmente, em fazê-la surgir do "vazio" – geralmente a partir de uma sílaba que é a semente – com todos os detalhes muito precisos de sua aparência, conforme são descritos nos tratados. O praticante de meditação deve, ao fazê-la, identificar-se com esta divindade, ou criá-la em si, depois projetá-la diante de si, algo que é indispensável para que a divindade possa servir ao bem dos outros e não só ao do praticante. Levada a fundo, esta prática – que pode exigir anos de exercício – dá à divindade uma existência quase objetiva e, dizem, acessível a todos os sentidos. Em seguida, é necessário poder reabsorvê-la no Absoluto e então se fundir neste último. Desta maneira, o praticante de meditação adquire não apenas poderes divinos, mas tem também e, sobretudo, a experiência da criação e da dissolução do mundo fenomênico e, no plano humano, do nascimento, da morte e do estado intermediário do *bar-do;* ao passo que no nível mais elevado realiza a unidade derradeira do *samsara* e do *nirvana*

A. Padoux, *in Le Bouddhisme, op. cit.*

Origens do budismo tântrico

As origens do movimento tântrico são bastante remotas no tempo e parecem ligadas a antigas crenças mágicas e religiosas que se mantiveram vivas na Índia assim como em outras partes. [...]

O personagem mais célebre do tantrismo búdico indiano é certamente Padmasambhava. Ainda que não haja qualquer dúvida de sua historicidade, é preciso reconhecer que a lenda o desfigurou de tal maneira, atribuindo-lhe os feitos mágicos mais extraordinários, que é bastante difícil discernir os traços principais de sua existência. Nascido em Shambhala, em Uddiyana, de sangue real, de acordo com certas tradições, filho do próprio Indrabhuti, foi chamado para ir ao Tibete por volta de 750, pelo primeiro apóstolo budista a ir para este país e que era ninguém menos que o mestre Santarakshita, abade de Nalanda. [...]

Desde o final do século VIII, o principal centro do tantrismo budista foi o leste da Índia, Bengala, Bihar e Orissa, onde brilhou com forte esplendor graças à proteção e ao apoio sólido da dinastia dos Pala. Aproximadamente no ano 800, o rei Dharmapala fundou o grande monastério de Vikramashila, não muito distante de Nalanda, que logo eclipsou este último e tornou-se o centro mais importante dos estudos tântricos. [...]

Por volta do ano 1200, a Índia oriental foi invadida pelas hordas muçulmanas que incendiaram os centros de estudos budistas e massacraram os monges aos milhares, pondo um fim brutal à última época de esplendor do budismo indiano. Entretanto, este subsistiu, ainda que sem atingir este mesmo grande florescimento em outras regiões da Índia. Em Cachemira, protegida das invasões islâmicas por seu cinturão de montanhas, permaneceu ativo até o século XIV [...].

A "via rápida"

Desde o início do século VIII, há um ponto a respeito do qual a maioria das escolas tântricas, deliberadamente, tomava a direção oposta aos ensinamentos do budismo anterior: é a introdução de um dualismo erótico que logo deveria assumir uma grande importância. Desde a origem, todos os grandes mestres budistas haviam denunciado a paixão erótica, quase sempre com veemência, como sendo o laço mais poderoso que prende o ser ao ciclo das transmigrações e combatido a sexualidade –

Sino ritual tibetano.

particularmente nos *Vinayapitaka* – mesmo em suas manifestações mais anódinas, insistindo na castidade absoluta, de corpo, de palavra e de espírito, que devia ser uma das regras fundamentais da condição monástica, fazendo prova, ao longo de 12 séculos de história, de uma misoginia comparável à dos pais do cristianismo.

Ao contrário, os pensadores tantristas vêem, quase por toda parte, um simbolismo sexual, exaltam a importância e o valor do elemento feminino e introduzem uma multidão de deusas no panteão.

[...] Certamente, em quase todas as religiões pode-se encontrar um simbolismo erótico semelhante, especialmente quando se trata de natureza mística, mas o tantrismo, hindu bem como o budista, atribuiu-lhe uma importância bem maior que em qualquer outra parte. Não só ele invadiu rapidamente sua arte e sua literatura, como exerceu, sobretudo em certas escolas, uma profunda influência sobre o culto. [...]

Os elementos constitutivos deste panteão são por um lado os Budas e Bodhisattva, por outro uma multidão de divindades, gênios e demônios. [...] Os Budas e Bodhisattva são, em conjunto, os do Mahayana, mas suas relações são definidas de maneira sistemática. No estágio superior deste panteão, encontramos cinco Budas supremos, chamados Jina (vencedores) ou Tathagata. [...] Desses cinco Jina emanam cinco Budas que aparecem entre os homens para ensinar-lhes o Caminho da Entrega Total e que são constituídos por corpos de criação mágica (*nirmânakâya*). [...]

Abaixo desses, ainda que ocupando funções importantes, ficam as numerosas divindades de todos os tipos e de todas as classes, saídas diretamente do panteão hindu e do folclore indiano. Reconhecidas pelo budismo desde a origem e desempenhando um papel nada desprezível na literatura deste último, elas haviam permanecido até então fora do campo do culto búdico propriamente dito. O tantrismo, ao contrário, lhes reconhece o direito de ser objeto de fervor de seus fiéis com a mesma qualificação honorífica atribuída aos Jinas, Budas, Bodhisattva e Sakti.

A. Bareau, "Le Bouddhisme indien", *in Les Religions de l'Inde*, t. III, Payot, 1966

O budismo e o Ocidente

Menos preocupado em converter que em propor um método de conduta do pensamento e uma regra de vida, o budismo não faz proselitismo, leva em consideração a realidade. Foi se adaptando, com o passar do tempo, às regiões, aos climas e aos homens. Neste fim de século, realizou uma espantosa penetração na cultura ocidental.

Dois mil anos de incompreensão

Ao longo de dois mil anos o budismo foi menos ignorado que sobretudo subestimado e não devidamente reconhecido pelo Ocidente. Os primeiros encontros ocorreram muito cedo, mas foram somente individuais e sem futuro. Um antigo texto pali, o *Milindapañha*, relata as conversações de um dos sucessores dos generais de Alexandre o Grande, o rei grego Menandre (século II a.C.) com o monge indiano Nagasena, a quem pedira que lhe expusesse os princípios do budismo. Instruído por ele sobre as doutrinas relativas ao caráter ilusório de um "Eu" permanente, ao *karma* e à cadeia de reencarnações, o rei as teria adotado com entusiasmo. [...]

No século II de nossa era, o primeiro dos grandes apologistas cristãos, Clemente de Alexandria, pagão convertido e conversor de pagãos, fala das filosofias indianas e menciona o Buda. [...]

Na Alexandria do século III, capital cosmopolita onde se fazia um intercâmbio de idéias vindas de todos os horizontes, um monge célebre, Ammonios Sakkas, que teve por aluno Orígenes, o genial exegeta cristão, e

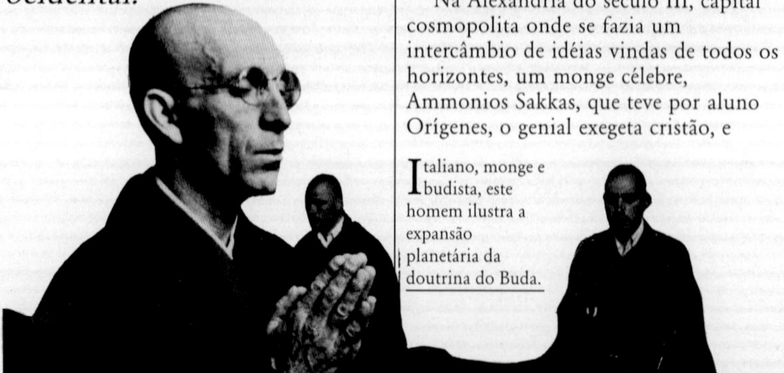

Italiano, monge e budista, este homem ilustra a expansão planetária da doutrina do Buda.

também Plotino, o último dos grandes filósofos pagãos, teria sido um missionário indiano. [...] Depois veio o esquecimento. Contudo, não total, pois no século XIII um dos romances mais célebres da Idade Média, *Barlaam e Josaphat*, relata numa versão devidamente cristianizada a história do Buda, tal como ela é exposta no *Lalita-vistara,* texto búdico clássico. Os filósofos puderam reconstituir a gênese desta singular transposição. [...] No final do século XIII, Marco Polo, que encontrara o budismo na Ásia, poderia escrever: "Pois certamente, ele havia sido batizado cristão, ele (o Buda) teria sido um grande santo, com Nosso Senhor Jesus Cristo."

Em seguida fez-se o silêncio. Um silêncio que só foi rompido pelos viajantes eruditos que recolheram no Tibete e no Nepal coleções de textos búdicos. No princípio do século XIX seguiram-se as primeiras traduções. [...] Acreditou-se saber o bastante para publicar introduções ao budismo em 1860. Por muito tempo, essas traduções lhe deram uma imagem inexata, senão caricatural. Viam no budismo somente um ateísmo destrutivo, fundamentado em "crenças e idéias bizarras" e uma "aspiração mórbida pelo nada". Posteriormente, comentou-se que essa incompreensão provinha, em parte, do fato de que o budismo utilizava elementos psicológicos que só foram reconhecidos no Ocidente com o estudo do inconsciente pela psicanálise.

J. Brosse, *in L'Actualité religieuse dans le monde*, outubro de 1993

Nos Estados Unidos, a primeira contribuição: a imigração chinesa e japonesa

Os textos que se seguem constituem ao mesmo tempo um breve histórico do budismo na Europa Ocidental e um panorama atual da situação neste final do século XX. São extraídos da obra completíssima de Peter Harvey, Le Bouddhisme*, publicada pela Editions du Seuil, em outubro de 1993.*

Nas décadas de 1860 e 1870, centenas de milhares de imigrantes chineses chegaram à costa oeste dos Estados Unidos e do Canadá para trabalhar nas minas de ouro e na construção das estradas de ferro. Depois de 1882, foi a vez das manobras japonesas. A partir de 1868, grandes efetivos de imigrantes chineses e japoneses vieram também trabalhar nas plantações de açúcar do Havaí, que foi anexado como território americano em 1898. A imigração asiática na Califórnia se interrompeu em 1902, mas continuou no Havaí, que assim tornou-se um centro importante para a transmissão do budismo na América. [...]

A religião chinesa permaneceu discreta na América do Norte, ainda que uma missão da Terra Pura tenha sido bastante ativa entre os chineses. Hoje em dia a maioria dos templos recolheu-se aos bairros chineses das grandes metrópoles. Em sua maioria, seguem a religião popular tradicional e sincretista, exceto determinadas seitas mais especificamente budistas ou taoístas, ou que aliem as duas correntes espirituais. [...]

Os imigrantes japoneses, muitos dos quais vinham de uma região onde a escola Jodo-shin tinha um certo vigor, manifestaram maior atividade nas questões religiosas. Essa escola foi também a mais ativa no campo missionário. Em 1889, Soryu Kagahi chegou ao Havaí e estabeleceu ali o primeiro templo japonês. [...] Em 1899 Sokei Sonada veio a San Francisco e estabeleceu o budismo no continente, sob o nome de North American Buddhist Mission. Durante a Segunda

Através das grades, podemos ver esta casa, uma construção residencial de Washington convertida em templo budista em 1978 pela Buddhist Congregational Church of America.

Guerra Mundial, a missão foi reorganizada sob o nome de Buddhist Churches of America (Igrejas Budistas da América) e tornou-se independente de sua matriz japonesa. [...]

Depois da guerra, dois institutos foram fundados para a formação de sacerdotes. Um dos astronautas mortos na catástrofe da nave espacial *Challenger*, em 1986, era membro da Igreja budista; em 1987, o Ministério da Defesa americano a autorizou a apresentar capelães militares. E nesse mesmo ano, ela declarava ter nos Estados Unidos 170 mil seguidores, 63 templos e 70 religiosos. A maioria dos fiéis é de origem japonesa. No Canadá, em 1985, as Buddhist Churches of Canada afiliadas contavam com 18 igrejas membros e cerca de 10 mil fiéis.

Os novos convertidos

Depois da Segunda Guerra Mundial, militares americanos servindo no Japão ocupado, ou enviados nas guerras da Coréia e do Vietnã, interessaram-se pelo budismo. A seguir, durante os anos 60 e 70 foi a vez dos jovens vindos pela rota através da Europa e Oriente Médio para alcançar a Índia e o Nepal "místicos". Os refugiados tibetanos, igualmente, logo começaram a compartilhar sua tradição com os ocidentais na América do Norte e na Europa. A partir de 1975, refugiados vietnamitas, laocianos e cambojanos chegaram aos países ocidentais; em 1985, seu número havia alcançado um total de 884 mil: 561 mil nos Estados Unidos, 94 mil no Canadá, 97 mil na França, 91 mil na Austrália, 22 mil na Alemanha e 19 mil na Grã-Bretanha.

O verdadeiro impulso do budismo nos Estados Unidos

O Zen foi a primeira forma de budismo a se integrar realmente entre os americanos de origem européia que o achavam bem adaptado ao caráter enérgico e pragmático dos americanos.

Na America do pós-guerra, ele continuou a se desenvolver durante o período *beat* dos anos 50 e a contracultura das décadas de 1960 e 1970. Foi nessa época que realmente começou o progresso do budismo em geral e sobretudo sob as formas Zen e tibetana. Ainda que o Rinzai tenha sido a primeira escola Zen a se estabelecer na América, o Soto, muito popular no Havaí, o seguiu pouco depois. Em 1961, um mestre de Zen Soto, Shunryu Suzuki (1904-1971), fundou o impressionante Zen Center de San Francisco e, em 1967, o monastério de Tassajara Mountain. [...]

Prece no templo da Buddhist Congregational Church of America, em Washington.

Todas as quatro principais escolas do budismo tibetano estão representadas nos Estados Unidos; elas atraem um número crescente de jovens por sua combinação de misticismo, simbolismo, rituais e profundo conhecimento psicológico. Chogyam Trungpa Rinpoché (1939-1987), um Lama da escola Kagyu, criou um centro florescente em Boulder (Colorado) em 1971. Tornou-se, em conexão com a sede de Vajradhatu, um organismo compreendendo uma rede de numerosos centros de meditação, de grupos afiliados e um Buddhist Institute. [...]

Na tradição chinesa, os grupos budistas tornaram-se mais ativos e interessaram os americanos de origem européia. Hsuan Hua, um mestre do Triptaka, foi especialmente influente. Vindo de Hong Kong em 1962, a convite de alguns discípulos sino-americanos, ele fundou a Sino-American Buddhist Association, em San Francisco, em 1968. Sua reputação logo atraiu discípulos de origem européia, que já constituíam, desde 1971, dois terços dos membros da SABA. Em 1977, a sede da associação tornou-se "a Cidade dos 10 mil Budas", nas amplas instalações de um antigo hospital cercado por uma grande propriedade, no norte da Califórnia.

Em 1960, o movimento Soka-Gakkai, sob o nome de Nichiren Shoshu of America, empreendeu um proselitismo vigoroso, começando por Los Angeles. A partir de 1964, sua ação se estendeu além da comunidade nipo-americana com tanto sucesso que, atualmente, 95% de seus membros não são asiáticos. Em 1970, a seita declarava ter 200 mil adeptos nos

Estados Unidos; em 1974 tinha grupos em mais de 60 *campi* de colégios, faculdades e universidades. Seus membros incluem mais hispânicos e negros que os outros grupos budistas, bem como personalidades de peso na mídia [...].

A tradição do Theravada ainda é jovem nos Estados Unidos, uma vez que seu primeiro vihara foi estabelecido pelos cingaleses, em Washington, em 1966. Dois outros foram abertos desde então e a tradição começa a se disseminar. Americanos receberam a ordenação de monge e, a partir de 1987, americanas foram ordenadas como monjas de dez votos, os centros de meditação que ensinam a meditação da Visão Penetrante são cada vez mais apreciados.

O budismo na Grã-Bretanha

O primeiro propagador do budismo na Grã-Bretanha foi Dharmapala. Passou temporadas de cinco meses nesse país em 1893, depois em 1896 e em 1904; por ocasião dessas visitas, encontrou-se com T. W. Rhys Davids, Edwin Arnold e os teósofos. [...] Em 1907, foi criada a Buddhist Society da Grã-Bretanha e da Irlanda, com T. W. Davids como presidente. [...]

A Buddhist Society estava interessada numa visão modernista do budismo do Sul, constituindo ao mesmo tempo uma ética e uma visão do mundo. Seu desenvolvimento foi lento de início, mas de 1909 a 1922 a *Buddhist Review* foi publicada. A Primeira Guerra Mundial interrompeu este impulso e, depois disso, a Buddhist Society fez esforços para resistir até sua derrocada em 1924. Enquanto isso, nesse mesmo ano, Christmas Humphreys (1901-1983), um advogado, fundou a Buddhist Lodge da Sociedade Teosófica, que em 1926 absorveu os remanescentes da Buddhist Society precedente. Em 1943, a Lodge tornou-se a Buddhist Society e sua revista (*Buddhism in England*) tornou-se *The Middle Way,* que continua sendo publicada até hoje com sucesso. [...]

A partir dos anos 70, o budismo começou a se implantar mais profundamente. De fato, constata-se que o engajamento na prática budista, ao invés de um interesse que se mantinha essencialmente intelectual, se expande em mais alto grau e que uma dimensão social se desenvolve com o estabelecimento de um *Sangha* inglês e de numerosos centros budistas. As tradições mais vigorosas são o Theravada, o Zen, o budismo tibetano e um grupo sincretista, The Friends of the Western Buddhist Order (FWBO). [...] O desenvolvimento de monastérios e centros de meditação budistas contribuiu para estimular uma espécie de despertar na meditação cristã; os monges e freiras cristãos por vezes aprendem métodos de meditação budista. Os budistas ocidentais são provavelmente entre 10 mil e 100 mil na Grã-Bretanha.

Os alemães e a meditação

Por muito tempo, na Alemanha, houve um grande interesse somente pela tradição do Sul, talvez mais atraente para quem tem como origem uma cultura protestante. A primeira associação budista foi fundada em 1903 pelo erudito em estudos pali Karl Seidenstüker, a fim de promover a erudição no domínio búdico. O sucesso, contudo, foi mínimo. Uma personalidade influente no budismo alemão dos primeiros tempos foi Georg Grimm (1868-1945), cuja obra, *La Doctrine du Bouddha, la religion de la raison* (1915, em alemão) (A Doutrina do Buda, a religião da razão), tornou-se um

Com o rosto escurecido com resina de acordo com os costumes das mulheres indígenas, entre um lama e uma mocinha, Alexandra David-Neel posa diante do Potola, residência principal do Dalai Lama.

dos livros mais difundidos sobre o budismo, tanto em sua versão original alemã, quanto em suas numerosas traduções. Segundo sua interpretação dos *Sutta*, o ensinamento do "não-eu" de todos os fenômenos era uma via conduzindo à compreensão intuitiva do Eu autêntico, que transcende os conceitos. Ele acreditava que a tradição budista havia compreendido mal o Buda e denominou sua interpretação pessoal de o "Budismo antigo", no sentido de "ensinamento original". [...] Uma outra personalidade do budismo foi Paul Dahlke (1865-1938), que começou a se interessar pelo budismo quando estava no Sri Lanka em 1900 e seguiu uma versão modernista do budismo do Sul, bem enraizada em fontes pali. Dahlke construiu em Berlim-Frohnau a Casa Budista, um templo e centro de meditação, aberto em 1924, e publicou traduções de numerosos *sutta*. [...]

A situação mudou depois da Segunda Guerra Mundial, sobretudo graças à influência de um pequeno livro do professor Eugen Herrigel. Era *Le Zen dans l'art du tir à l'arc* (em alemão, 1948) (A arte cavalheiresca do arqueiro Zen), fruto de cinco anos de estudo de uma arte marcial do Zen. A partir dos anos 70, surgiram centros Zen e o Jodo-shin também garantiu uma presença neste país. O pós-guerra viu igualmente a introdução da Arya Maitreya Mandala, que em 1970 tinha centros em dez cidades: é uma comunidade leiga fundada pelo Lama Anagarika Govinda (1898-1985), um alemão formado nas duas tradições, do Norte e do Sul, que foi discípulo do movimento ecumênico tibetano Rime (*ris-med*). A partir dessa mesma década, outros grupos tibetanos também foram estabelecidos na Alemanha.

Os centros búdicos franceses

Na França, nos primeiros tempos, duas eminentes divulgadoras do budismo foram Alexandra David-Neel e Suzanne Karpelès. A primeira, intrépida

Preces budistas na França, em um sítio arqueológico troglodita, às margens do Vézère.

exploradora e escritora prolífica, tornou conhecidos do grande público os aspectos exóticos do budismo tibetano vários anos antes que esta tradição se tornasse a escola budista mais difundida na França, senão da Europa. Enquanto Alexandra David-Neel era uma solitária, Suzanne Karpelès voltava-se para a sociedade. [...] Dirigiu a publicação do Tipitaka em pali e em khmer, foi secretária-geral dos dois Institutos, secretária da Escola Francesa do Extremo Oriente, em Hanói, e teve uma grande atividade no seio da associação Les Amis du Bouddhisme (Os Amigos do Budismo). Inaugurada em 1929 em Paris, esta foi a primeira associação budista oficialmente constituída. [...]

A partir dos anos 1970, dois povos em exílio – os tibetanos e os vietnamitas – deram origem a uma onda de atividades budistas e de construção de templos. O budismo tibetano é representado por Lamas instruídos e experientes enviados da Índia, seu novo lar monástico desde o exílio. Kalou Rinpoché revelou-se o mestre espiritual mais influente no que diz respeito aos centros Kagyupa (*bka'-brGyud-pa*) estabelecidos; a linhagem Gueloupa (*dGe-lugs-pa*) agora está solidamente representada e garante a formação metódica de monges e de monjas europeus.

Os vietnamitas abriram numerosos centros, principalmente em Paris e arredores, dirigidos por diversas personalidades monásticas. Nhât Hanh, cuja reputação de "ativista da paz" é internacional, integrou a prática budista a um ambiente leigo e a valorizou graças a obras, muito apreciadas, em francês e em inglês. Huyên-Vi prefere uma abordagem mais tradicional e, sob a bandeira de Linh So'n, fundou centros no mundo inteiro.

Além dessas atividades, os budistas cambojanos e cingaleses fundaram alguns templos-monastérios, mas destinados sobretudo a atender às necessidades religiosas de seus compatriotas. Desse modo, a tradição do budismo do Sul tem fraca representação no que diz respeito aos praticantes ocidentais. A tradição com maior representatividade, contando com 46 centros em 1984, é a tibetana; nesta mesma data o Zen totalizava cinco centros, o Theravada com dois centros e dois monastérios. A seita Nichiren Shoshu está também representada.

A Europa dos pagodes

O International Buddhist Directory, em sua compilação de dados de 1984, apresentava a lista das organizações budistas nos seguintes países: Áustria, Bélgica, Dinamarca, Espanha, Finlândia, Grécia, Holanda, Noruega, Portugal, Suécia e Suíça. Para o conjunto dos países da Europa Ocidental, sem contar o Reino Unido, citava: 146 centros, um monastério e três institutos para a tradição tibetana, 34 centros e três monastérios para a tradição Zen, 25 centros e dois monastérios para a tradição Theravada. A escola Jodo-shin tem dois templos na Suíça e um na Bélgica. Em 1987, um garotinho espanhol de dois anos, filho de um casal que cuidava do centro de budismo tibetano na Espanha, foi reconhecido como a reencarnação de Thoubten Yeshé Rinpoché (1934-1984), um Lama Guelougpa que havia sido muito ativo no estabelecimento de centros e de monastérios tibetanos no Ocidente. Atualmente a criança reside no Nepal, no monastério de Kopan, fundado pelo Lama Thoubten Yeshé, onde representa uma personalidade espiritual.

Uma União Budista da Europa foi criada em 1975, como fórum de discussão, de cooperação, de publicações e de ligação com institutos médicos e de psicologia. Em 1987, ela compreendia as Uniões budistas nacionais da Alemanha, Áustria, França, Itália, Holanda, Suíça e cerca de mais de 50 organizações (como por exemplo, a London Buddhist Society), de monastérios e de grupos. Em 1987, totalizava mais de um milhão de budistas na Europa (asiáticos incluídos). Apresentava um total de mais de 500 mil na Inglaterra (cifra muito exagerada), outras cifras apresentadas eram: 70 mil na Alemanha, 200 mil na França, 15 mil na Itália, seis mil na Áustria.

P. Harvey, *Le Bouddhisme*, Le Seuil, Paris, 1993

"Reencarnação" de um lama missionário, este menino espanhol foi levado para o Nepal.

Entrevista com o Dalai Lama

Um sentimento de harmonia com o mundo e de paz interior emanam de sua pessoa. Prêmio Nobel da Paz em 1989, o Dalai Lama descreve a si mesmo, com um sorriso, como "um político a contragosto". Quando nos aproximamos dele apreendemos, sem dúvida, o Tibete e seus enigmas; compreendemos sobretudo a envergadura de um ser excepcional, de dimensão realmente universal.

O senhor poderia nos dizer como vê o budismo? Trata-se de uma religião, de uma prática ou de uma filosofia?

Trata-se das três coisas ao mesmo tempo. No budismo pratica-se três formas de meditação. E a meditação analítica – entre outras – passa sempre por uma certa sabedoria. Ao mesmo tempo é uma religião, uma vez que esta prática e esta filosofia reúnem os seres entre si na busca da iluminação, do refúgio, os ajuda a se tornarem budas, seres despertos.

O Deus dos judeus, dos cristãos e dos muçulmanos a quem o fiel se dirige é uma entidade, com quem ele mantém um verdadeiro intercâmbio. É ao mesmo tempo o "Outro Absoluto". Para o senhor o Buda corresponde a esta definição?

Não. Para nós, o Buda não é o "Outro Absoluto". Mas se definirmos Deus como o refúgio, Aquele que Ilumina, o Buda corresponde a esta noção de Deus. Ele é o Ser onisciente por excelência. Contudo, ele não é o criador do mundo e dos seres. Acreditamos que todos temos em nós a natureza do Buda. Não podemos, portanto, criar a nós mesmos.

De fato, a noção de criação absolutamente não é apreendida da mesma maneira no cristianismo que no budismo...

Para os budistas, foi o karma que criou o mundo. Toda ação decorre de uma ação precedente, todo acontecimento resulta de um acontecimento precedente de acordo com a lei da causalidade, o processo contínuo da causa e efeito. É a força do espírito, dos sentimentos, das emoções, que cria o mundo no qual vivemos, que molda os seres. [...]

A história humana tem uma verdadeira importância para o budismo? O Buda intervém na vida dos homens?

É preciso inicialmente esclarecer que buscar o desapego e o distanciamento com relação às coisas não significa desinteressar-se delas. Mesmo que antes de qualquer coisa eu seja um monge, interesso-me pelos acontecimentos que se passam no mundo. [...]

Entretanto, creio que existem vários graus de desapego e que o budismo convida fundamentalmente ao desapego total. Para nós a história humana não tem efetivamente a mesma importância que para vocês. E o Buda não intervém diretamente uma vez que acreditamos na lei do karma. [...]

As Quatro Nobres Verdades do Buda são centralizadas na questão do sofrimento. [...] Não serão as religiões respostas diferentes para esta mesma questão?

O sofrimento de fato está presente desde o nascimento até a morte na vida de cada homem, não apenas no momento dessas duas etapas. E creio que sem religião, sem a prática dos exercícios religiosos, é difícil eliminar, dominar o sofrimento.

Aliás, o conjunto do ensinamento budista tenta ensinar a eliminar todas as fontes de sofrimento, a se libertar delas. O cristianismo também se propõe a ajudar o homem a aceitar, a se preparar para a morte. Mas as religiões mostram um caminho. Cada um é livre para segui-lo ou não. [...]

Milhões de ocidentais são atraídos pelo dharma [...] e por causa disso acabam perdendo o interesse por sua própria tradição.

Há dois fenômenos. Certas pessoas mantêm a fé em sua religião de origem e adotam certas técnicas, certas práticas de exercícios de uma outra religião. Eu creio que isto é muito positivo. Mas outras pessoas desejam mudar de religião. Este fenômeno é que é mais perigoso. É preciso que as pessoas reflitam muito e por muito tempo. Pois não é natural romper com as próprias raízes. Se isto é feito rapidamente demais, geralmente é por amargura e por decepção com a religião anterior. Então a pessoa torna-se crítica com relação à religião de origem. Isto é muito grave porque destrói exatamente o espírito da religião que é a tolerância, a sabedoria, o amor. [...]

O senhor acredita que o budismo possa realmente se implantar de forma duradoura no Ocidente [...]?

Quando observamos a história do budismo, é preciso distinguir os ensinamentos essenciais do Buda da cultura. Ao se disseminarem ao redor do mundo, os ensinamentos essenciais se enraizaram em culturas diversas. É por isso que se fala do budismo tibetano, do budismo chinês, do budismo tailandês etc. Observando esta história, pode-se dizer que é perfeitamente possível que os ensinamentos essenciais se ancorem na cultura ocidental e que um dia venha a existir um budismo ocidental.

Declarações transcritas por
E. Saint-Martin,
in Actualité religieuse dans le Monde,
exceto série nº 2

GLOSSÁRIO

Abaya: "segurança, paz", que não teme, que tranqüiliza. O *abhayamudrâ* é o gesto que pacifica.

Arhant: "merecedor", venerável, aquele que atingiu o estágio mais elevado de santificação, a quarta etapa no Caminho da libertação, que alcançou o nirvana nesta vida e não renascerá mais em lugar nenhum, pois nele as paixões e os erros esgotaram-se definitivamente.

Arya: "nobre", santo.

Atman: "eu" [ego, isto é, a consciência de si mesmo], pronome reflexivo, que serve para designar o princípio da individualidade distinta, negado pelo budismo, de cada ser e de cada coisa.

Avalokitesvara: "o Senhor que olha para baixo", "O grande Compadecido", um dos grandes Bodhisattva do Mahayana e um dos mais célebres.

Bodhi: "despertar, iluminação", descoberta capital das quatro santas Verdades. "Tomada de consciência" através da qual um Bodhisattva alcança o estado de Buda.

Bodhisattva: "um ser a caminho do Despertar", um ser iluminado que se dedica a ajudar os outros a alcançarem a libertação, um futuro Buda.

Brahman: o sagrado, "palavra ritual", princípio do ser, o absoluto, o "eu" universal identificado ao "eu" individual pela principal seita bramanista. Devoto, sacerdote, Brahmane, detentor do Veda, pertencente à primeira casta.

Buda: "o iluminado ou desperto", aquele que descobriu as quatro nobres Verdades e por meio delas atingiu o nirvana neste mundo.

Cakra: roda, círculo, disco, arma e insígnia de soberania, símbolo da Lei búdica (Dharma).

Cakravartin: rei "(que possui) a Roda em movimento", monarca universal guiado pela Lei (Dharma) que ele faz cumprir.

Dharma: "ordem, regra, lei", o fato de ter, de conduzir, de persistir ou manter-se, donde: a doutrina búdica, os ensinamentos do Buda Shakyamuni; as leis naturais às quais as coisas e os seres estão submetidos; os fenômenos, as coisas submetidas a essas leis; as idéias, isto é, as coisas tomadas como objetos pelo espírito.

Dhyana: meditação, estado de transe, de absorção mental.

Gautama: nome do chefe da linhagem do clã dos Sakya; nome do Buda histórico nos textos antigos.

Jainismo: religião fundada por Mahavira, contemporâneo de Shakyamuni, surgida na mesma época que o budismo e na mesma região. Sua doutrina, bastante próxima da doutrina do budismo, continua sendo praticada na Índia, sobretudo ao norte de Bombaim.

Jataka: "nascimento", contos narrando as existências anteriores, lendárias, do Buda, sob formas de animais, divinas ou humanas.

Jina: "vitorioso", epíteto do Buda, dos santos do jainismo, por vezes de Vishnu.

Karma: uma das doutrinas fundamentais do budismo, ação e reação, processo contínuo da causa e do efeito; donde Lei do Karma.

Karman: "ato" que possui um valor moral, bom, mau ou neutro.

Maitreya (pali, **Metteyya**): o "Benevolente", nome daquele que será o próximo Buda.

Mudra: sinal, marca, gesto codificado, especialmente movimento simbólico das mãos tendo um significado iconográfico particular, carregado de valor místico e mágico no tantrismo.

Nirvana: "extinção", estado inefável, experiência da Imutabilidade, da Paz interior e da Liberdade, atingido através da ausência, da suspensão de qualquer desejo; cessação, estado de libertação atingido pelos Budas e pelos *arhant*.

Paramita: domínio, supremacia, compaixão, sabedoria, "supremas" virtudes praticadas pelo Bodhisattva com perfeição e que lhe permitirão tornar-se um Buda.

Parinirvana: "extinção total" que se produz com a morte de um Buda "perfeitamente Iluminado e completamente Desperto": é o desaparecimento total de todos os elementos e fenômenos, materiais e espirituais que formavam sua pessoa e depois do qual ele não renascerá nunca mais em lugar nenhum.

Prajna: sabedoria, conhecimento, inteligência, faculdade de conhecer e de compreender.

Prajnaparamita: "perfeição de sabedoria", doutrina mahayânica personificada sob um dos aspectos da deusa Tara, considerada como a "Mãe espiritual de todos os Budas" e com freqüência associada a Avalokitesvara.

Puja: rito bramanístico de adoração e de homenagem a uma divindade, realizado diariamente, a título privado ou público e solene.

Sangha: a "Comunidade" dos monges budísticos (discípulos imediatos de Buda Shakyamuni e outros seguidores que ouviram, creram e tornaram realidade a verdade salvadora que foi por ele primeiramente revelada).

Samsara: "o fluir junto, a transmigração", refere-se à sucessão de nascimentos e renascimentos, ao mundo, à condição humana, aos constituintes da existência que fluem juntos no processo do renascimento; também nascimento e morte.

Satya: "realidade", verdade, em particular as Quatro Nobres Verdades do sofrimento, da origem do sofrimento, da cessação do sofrimento e do caminho que leva à cessação do sofrimento.

Shakyamuni: "o sábio, o eremita ou o solitário (do clã) dos Sakya", nome sob o qual mais freqüentemente se designa o Buda Gautama.

Stupa: monumento essencial do budismo, construção maciça mais ou menos campaniforme, relicário, ou comemorativa encerrando relíquias (do Buda, do Dharma, de personagens venerados).

Sutra (pali, **Sutta**): "fio no qual estão enfiadas jóias", texto relatando um diálogo ou sermão do Buda ou de um de seus discípulos.

Sutrapitaka: "Cesto dos textos", parte integrante do cânone búdico contendo o conjunto dos sermões e textos afins.

Tantra: "trama (do tecido), continuidade, sistema, teoria, doutrina". Conjunto de textos e práticas culturais particularmente místico e mágico, comportando ritos por vezes secretos e atribuindo uma importância especial à energia (feminina) associada à divindade masculina. Adotado pelo bramanismo e pelo budismo, desenvolveu-se por volta dos séculos XII e XIII.

Tathagata (interpretação controversa): "O que veio para ou que partiu pela realidade", ou "o que veio, ou assim partiu" etc. Um dos principais títulos dos Budas.

Upanishad: "doutrina" (secreta), crenças; obras prolongando certas especulações dos Brahmana (interpretações do brahman).

Urna: "lã", tufo de pêlos entre as sobrancelhas, uma das 32 marcas ou sinais de perfeição do "Homem eminente".

Ushnisha: "turbante", tornou-se a protuberância craniana na iconografia búdica – uma das marcas ou sinais do "Homem Eminente".

Vinayapitaka: "Cesto da disciplina", parte do cânone búdico antigo contendo o conjunto das prescrições relativas à organização, à vida e à disciplina comunitárias.

Yoga: "o ato de juntar, ligar para conseguir a unidade", método, aptidão, capacidade, cuidado, concentração de espírito e de força que dele resulta, sistema filosófico, prática religiosa.

CRONOLOGIA

Esta cronologia se inicia a partir da morte do Buda; as datas são citadas segundo a tradição cingalesa e com base em historiadores modernos.

543 a.C. (trad.) ou aproximadamente 485: Grande e total extinção do Buda em Kushinagara.

542 (trad.) ou aprox. 485: Concílio de Rajagriha: o grande discípulo Mahakashyapa fez com que cada item do código de Disciplina e do Dharma (Lei) fosse recitado em assembléia por 500 *arhant* reunidos.

443 (trad.) ou aprox. 385: Segundo concílio realizado em Vaishali, contra as práticas ilícitas adotadas pela Comunidade de Vaishali.

VI-IV século a.C. aprox.: Compilação da tradição oral dos cânones: Cestos da Disciplina e dos Discursos, Diálogos e Sermões (do Buda).

327-325: Alexandre o Grande atravessa o Indus e bate em retirada depois da batalha de Hydaspes.

324-187: Dinastia dos Maurya, fundada por Candragupta (324-300).

272-236 (aprox.): Reinado de Asoka (Dharmasoka), neto de Candragupta.

260 (aprox.): Asoka conquista o Kalinga, na região da costa oriental e se converte ao budismo.

256 (aprox.): É decidido o envio de missionários para ensinar o *Dharma* (Lei) nas regiões limítrofes do império.

250 (aprox.): O terceiro concílio reúne-se em Pataliputra. Chegada de Mahinda, filho ou irmão de Asoka, e de missionários ao Sri Lanka: conversão do soberano e de seus súditos.

Do século III a.C. a aprox. séc. I d.C.: Consolidação oral da maioria dos textos do Dharma especial, classificado (*Abhidarma*).

35-32: Consolidação escrita do cânone pali no Sri Lanka, no reinado de Vattagamani Abhaya.

Fim do século I a.C.: Criação da escola de budismo Mahayana (Grande Veículo).

Século I d.C.: Primeiros textos da "Sabedoria Perfeita" (Prajnaparamita Sutra).

Século II: Atividade do budismo em Gandhara, no Afeganistão e expansão em direção à Ásia Central e à China.

Século III: Aparecimento das primeiras fórmulas mágicas, os Dharani, anunciando as doutrinas tântricas desenvolvidas nos séculos seguintes. Primeiras manifestações budísticas no contorno do mar da China Meridional.

250-300: Nagarjuna, da escola do Meio Termo (Madhyamika), o "Caminho do Meio".

320-605: Dinastia dos Gupta na Índia, fundada por Candragupta I (320-cerca de 335).

Fim do século IV: Asanga funda a escola Yogachara ("que tem o ioga por prática") ou Vijnanavada ("que fala de saber, [conhecimento discriminatório] da consciência"). Introdução do budismo na Coréia.

399-413: O peregrino chinês Faxian visita a Índia.

440: Fundação do monastério de Nalanda, futura grande universidade búdica (Mahayana) pelo rei Kumaragupta I.

Século V: Vestígios do budismo Theravada na Birmânia e na Tailândia. Culto de Amitabha na China.

Fim do século V: Nagasena, monge indiano, chega a Funan (delta do Mekong).

484 e seguintes: O rei de Funan, Jayavarman, envia relíquias búdicas ao imperador da China. No noroeste da Índia, invasão dos hunos eftalitas: destruição de numerosos monastérios budistas.

Princípio do século VI: Mahavamsa (parte antiga), crônica em pali do Sri Lanka.

538: Introdução do budismo no Japão por monges da Coréia.

Séculos VI -VII: Na China, escolas T'ientai, Huayan e Tch'an (Escola do Dhyana).

Início do século VII: Saraha, mestre do budismo tântrico em Bengala.

629-645: Viagem à Índia, por via terrestre, do peregrino chinês Xuanzang.

671-695: Viagem à Índia, por via marítima, do peregrino chinês Yijing.

Princípio do século VIII: introdução de obras tântricas (budistas) na China.

Século VIII: Período de grande atividade do Mahayana e do budismo tântrico na Indonésia e na zona central da península da Indochina.

750: Introdução do budismo tântrico no Tibete pelo mestre Padmasambhava.

750-1161: Dinastia Pala em Bengala e em Bihar.

800: Fundação do monastério de Vikramaçila, futura universidade do budismo tântrico, pelo rei Dharmapala.

Fim do século IX: Em Champa (região central do Vietnã), fundação do monastério mahayânico de Dong-dzuong.

Século X: Fundação na Índia da seita tântrica do Kalacakra.

Princípio do século XI: Nova propagação do budismo no Tibete.

1160: No Sri Lanka, o rei Parakramabahu I unifica as comunidades búdicas no seio do Mahavihara: o Theravada ("doutrina dos Antigos"). Na Birmânia, o rei Anoratha determina a adoção do Theravada.

1191-1218: Reinado de Jayavarman VII no Camboja; adoção do Mahayana tântrico e sincrético e de princípios da realeza universal inspirados no exemplo de Asoka: fundação de Angkor Thom.

Séculos XII-XIII: Na Índia, a penetração do islã elimina o budismo, que só subsiste nas regiões do sudeste. No Japão, fundação das seitas Zen e Terra Pura.

Fim do século XIII: Os soberanos do Norte (Chieng Mai) e do Nordeste (Sukhothai) da Tailândia adotam o budismo Theravada.

Século XIV: Adoção do Theravada no Camboja e no Laos, fundado em torno de 1350.

1357-1419: Tsongkhapa, reformador do budismo tibetano. Fundação da ordem dos Gelugpa.

Depois de 1432: No Camboja, o templo vishnuísta de Angkor Vat, fundado no século XII, torna-se um eminente centro budista.

BIBLIOGRAFIA

Obras genéricas

• Berval, R. de: "Presence du Bouddhisme", número especial de *France-Asie*, nº 153-157, Saigon, 1959. Nova edição, Gallimard, 1987.

• Conze, E.: *Le Bouddhisme dans son essence et son developpement*, Payot, 1952.

• David-Neel, A.: *Le Bouddhisme*, Paris, 1959.

• Taranatha: *History of Buddhism in India*, D. Chattopathyaya, Simla, 1970, reed. 1980.

• Renou, L. e Filliozat J., *L'Inde classique*, t. II, Paris-Hanói, 1953, com a colaboração de P. Demiéville e M. Lalou.

A vida do Buda

• Bacot, J.: *Le Bouddha*, Paris, 1947.

• Bareau, A.: *Recherches sur la biographie du Bouddha dans les Sûtrapitaka e les Vinayapitaka ancens*, 3 vol. Paris, 1963, 1970, 1971.

• Foucher, A.: *La Vie du Bouddha d'après les textes et les monuments de l'Inde*, Paris, 1949. Réed. J. Maisonneuve, 1987.

• Naudou, J.: *Le Bouddha*, Paris, 1973.

• Thomas, E.-J.: *The Life of Buddha as Legend and History*, Londres, 1927.

A doutrina do Buda

• Dritt, N.: *Aspects of Mhâyâna Buddhism and its relation to Hînayâna*, Londres, 1930.

• La Vallée Poussin, L. de: *Le Dogme et la philosophie du bouddhisme*, Paris, 1930.

• Rahula, W.: *L'Enseignement du Bouddha, étude suivie d'un choix de textes*, Paris, 1961.

Traduções de textos canônicos antigos

Quase não existem traduções francesas dos textos canônicos antigos que constituem nossas fontes mais diretas para conhecer o Buda e sua obra. Por outro lado, quase todo o cânone pali foi traduzido para o inglês, particularmente através dos esforços da Pali Text Society e para o alemão, por diversos orientalistas.

• Bareau, A.: *Les Premiers Conciles bouddhiques*, Musée Guimet, Bibliothèque d'études, LX, 1955.

• Burnouf, E.: *Le Lotus de la Bonne Loi*, Paris, 1852, Rééd. A. Maisonneuve, 1973.

• *Choix de Jâtaka*, tradução de G. Terral, Gallimard, Paris, 1958.

• *L'Art bouddhique*, Coll. Unesco d'oeuvres représentatives, Olozane, Unesco, 1990.

• *Le Lalitavistara*, E. Faucaux, Annales du Musée Guimet, XI-XIX, 1889-1892. Rééd. Les Deux Océans, Paris 1988.

Budismo indiano e tibetano

• Bareau, A.: "Le Bouddhisme Indien" in *Les Religions de l'Inde*, t. III: Bouddhisme, Jaïnisme, Religions archaïques, Paris, Payot, 1966.

• Bareau, A.: *Les Sectes bouddhiques du Petit Véhicule*, Paris, publications de l'EFEO, 1955.

• Dasgupta, S.: *An Introduction to Tantric Buddhism*, Calcutá, 1958.

• Houang, F.: *Le Bouddhisme, de l'Inde à la Chine*, Paris, Fayard, 1963.

Budismo chinês e japonês

• Chang Chen-Chi, *Pratique du Zen*, traduzido do americano por N. Weinstein, Paris, 1960.

• Fujushima, R.: *Le Bouddhisme japonais. Doctrines et histoire des douze grandes sectes bouddhiques du Japon*, Paris 1889.

• Shibata, M.: *Les Maîtres du Zen au Japon*, Paris, Maisonneuve et Larose, 1969.

ÍNDICE DE ILUSTRAÇÕES

CAPA

1ª capa: Cabeça de Buda, desenho a partir de pintura tibetana.

4ª capa: Buda sentado fazendo o gesto da dádiva, escultura embutida em um *stupa*, Índia.

Lombada: Buda de pé, fazendo o gesto da pacificação, escultura em marfim, Tailândia. Museu Nacional, Bangcoc.

INTRODUÇÃO

1 "O Príncipe Siddharta abandona sua mulher e seu palácio", cópia de uma pintura do templo de Wat Rajasiddharam. Thonburi, Tailândia.

2 "O Deus Indra toca um alaúde de três cordas", *idem.*

3 "Sujata prepara uma tigela de arroz para o Bodhisattva", cópia de uma pintura do templo de Wat Dusitaram, Thonburi, Tailândia.

4 "O Rei das Serpentes protege o Bodhisattva", *idem.*

5 "Cinco monges tornam-se discípulos do Buda", *idem.*

6 "O Duplo Milagre de Shravasti", cópia de uma pintura de Phra Thinang Buddhai Sawan, Bangcoc, Tailândia.

7 "O Buda em visita ao palácio de seu pai", cópia de pintura do templo de Wat Rajasiddharam. Thonburi, Tailândia.

8 "O Mahaparinirvana do Buda", *idem.*

9 "Drona distribui as relíquias do Buda", cópia de pintura do templo de Wat Dusitaram, Thonburi, Tailândia.

11 "O Buda recebendo alimento", pintura mural, Sri Lanka.

CAPÍTULO 1

12 "O lago Anavapata no Himalaia", manuscrito de Trai Phum, escola de Aiuthia, século XVII. Biblioteca Nacional, Bangcoc.

13 "Vishnu sobre o oceano primordial", miniatura indiana. Col. particular.

14 Estatueta feminina proveniente de Mohenjo Daro, civilização do Indus, Museu Nacional de Carachi.

14-15 Reconstituição da cidade de Mohenjo Daro, civilização do Indus, Museu de Mohenjo Daro.

15a e 15emb Zebu e touro mítico, símbolos da civilização do Indus, Museu Nacional de Carachi.

16a "Agni", escultura em peça de carroça de madeira, Índia do Sul, século XVII. Museu Guimet, Paris.

16emb "Oferenda ritual de um brâmane", miniatura indiana, Dekkan, século XVII.

17 "Indra de mil olhos", pintura mural, templo de Puthenchira, Bradakal, Índia.

18e "Brahma", escultura khmer em arenito, estilo de Koh Ker, 1ª metade do século X, Museu Guimet, Paris.

18d "Naga", bronze khmer, século XII, *idem.*

19a "Gênio alado", baixo-relevo, Índia, época Çunga, Museu Nacional, Nova Delhi.

19emb "Vishnu sobre a serpente Ananta", miniatura indiana, escola Pahari, aprox. 1700. Col. part.

20a "Renunciante", miniatura indiana, escola Pahari, cerca de 1700. Col. part.

20emb "Asceta", escultura de Mahabalipuram, Índia, século VII d.C.

21 "Grupo de yogis", miniatura indiana escola de Mewar.

22/23 "Montanha mítica do Himalaia", pintura mural de Wat Surthat, Bangcoc, escola de Ratanakosin, século XIX.

24 e 25e Configuração do universo de acordo com a cosmologia budista, pintura sobre papel em *The James Low Album of Thai Paintings*, cerca de 1820. Oriental Manuscripts and Printed Books, British Library, Londres.

25d "Mahakala" pintura sobre seda, Tibete, século XVIII, Museu Guimet, Paris.

CAPÍTULO II

26 Bodhisattva, pintura mural da caverna I de Ajanta, Índia, século VI.

27 "O Príncipe Siddharta passeia em sua carruagem", baixo-relevo, templo de Borobudur, Java, século IX.

28 Elefante conduzido por macacos, medalhão do *stupa* de Bahrhut, século II a.C. Indian Museum, Calcutá.

29e Prédica do Buda Dipankara, baixo-relevo em xisto, arte de Gandhara, Museu Guimet, Paris.

29d Maitreya, escultura em xisto, arte de Gandhara, Paquistão, Museu Guimet, Paris.

30a "Bhojâjâniya Jâtaka", o Bodhisattva nascido "cavalo do rei", lousa gravada de Wat Si Chum, Tailândia, metade do século XVI, Museu Nacional Bangcoc.

30-31 "Sama Jataka", pintura da Tailândia, princípio do século XIX. Museu Guimet, Paris.

32a O Bodhisattva Maitreya, bronze khmer, séculos VIII-IX, *idem.*

32emb O Bodhisattva Avalokitesvara, madeira policromada, reino de Dali, China, séculos XI-XII, Dept. of Oriental Antiquities, Museu Britânico, Londres.

33 "O Mahajanaka Jataka", pintura mural da caverna de Ajanta I, Índia, século VI.

34 Cena do Vessantara Jataka, pintura sobre algodão de Ban Pachi, escola de Ratanakosin, Tailândia, final do século XVIII.

34/35 Cena do Vessantara Jataka, pintura mural de Wat Suwannaram, Thonburi, escola de Ratanakosin, Tailândia, século XIX.

36 "O Bodhisattva no céu dos Tusita", baixo-relevo de Borobudur, Java central, século IX.

36/37 "O Bodhisattva no céu dos Tushita, sonha com a rainha Maya", baixo-relevo da escola de Amaravati, Índia, séculos III-IV, Indian Museum, Calcutá.

38/39 "O Círculo com Mil Raios de Luz", pintura coreana.

39a "O Sonho da Rainha Maya", medalhão do *stupa* de Bharhut, Índia, século II a.C.

39emb Ruínas de Kapilavastu, antiga capital do rei Suddhodana, fotografia atual.

40 Mapa da Índia na época do Buda.

41a "Nascimento do Buda, o primeiro banho e os três passos", baixo-relevo de Nagarjunakonda, Índia, séculos III-IV, National Museum, Nova Delhi.

41emb "Os Primeiros Passos do Buda", pintura coreana, templo de Yongju.

42-43 "Nascimento do Buda", detalhe de pintura tibetana sobre a vida do Buda, século XVIII. Museu Guimet, Paris.

44 "O sábio Asita", pintura mural do Wat Dustaram, Thonburi, Tailândia.

45a "Prova de arco e flecha", pintura sobre tecido de Dunhuang, Ásia central, séculos VIII-X. Museu Guimet, Paris.

45emb "Jovem Bodhisattva pregando", escultura em Lumbini Nepal.

46 "Prova de arco e flecha", pintura mural do monastério de Mulgirigala, Sri Lanka, final do século XIX.

47 "O Príncipe Siddharta no gineceu", baixo-relevo de Nagarajunakonda, escola de Amaraviti, séculos III-IV, Dept. of Oriental Antiquities, Museu Britânico, Londres.

48 e 49emb "Encontros do Bodhisattva", pintura sobre tecido de Dunhuang, Ásia central, séculos VIII-X, Museu Guimet, Paris.

49a "Encontro com um morto", pintura tibetana sobre a vida do Buda, séc. XVIII, *idem.*

50 "A Despedida do Bodhisattva de sua Esposa", pintura mural de Wat Rajasiddharam, Thonburi, Tailândia.

51a "O Bodhisattva corta seus cabelos", baixo-relevo em madeira, Birmânia, Museu de Pagan.

51emb "O Bodhisattva deixa o palácio montado em seu cavalo", manuscrito birmanês, século XIX. Oriental Manuscripts and Printed Books, British Library, Londres.

CAPÍTULO III

52 "O Buda junto da Árvore da Bodhi", cópia da pintura mural de Wat Sangkrachai, Thonburi, Tailândia.

53 "A Árvore da Bodhi", baixo-relevo, Tailândia, Museu Nacional de Bangcoc.

54 O jejum do Bodhisattva, escultura em bronze, arte do Gandhara, Paquistão, Museu de Lahore.

55a "O Bodhisattva em companhia de Udraka Ramaputra", cópia de pintura do Wat Chakravadirajavat, Bangcoc.

55emb "Os cinco futuros discípulos acorrem para sustentar Gautama que desfalece", cópia de pintura do Wat Cherngtham, Ayutha, Tailândia.

56a Gruta onde o Buda teria praticado ascese perto de Bodh Gaya, fotografia atual.

56emb "Oferenda de Sujata ao Bodhisattva", cópia de pintura de Wat Sangkrachai, Thonburi, Tailândia.

57 "O Bodhisattva joga a tigela de ouro no rio", *idem.*

58 Buda em marfim, Museu Nacional, Bangcoc.

58/59 "Ataque de Mara", pintura sobre seda de Dunhuang, século X, Museu Guimet, Paris.

59 Buda em marfim (detalhe). Museu Nacional, Bangcoc.

60 O Buda em meditação, escultura rupestre de Gal Vihara, Polonnaruwa, Sri Lanka.

61a O Buda em meditação, escultura em xisto, arte do Gandhara, Paquistão, séculos III-IV, Museu do Governo de Chandigarh.

61emb "O Buda em meditação sob a árvore da Bodhi", pintura, Sri Lanka, século XIX.

62-63 "Indra toca um alaúde de três cordas para o Bodhisattva", pintura mural de Wat Thong, Thammachat, Thonburi, Tailândia, princípio do século XVIII.

64-65 "Sujata oferece um guisado de arroz ao Bodhisattva", *idem.*

66-67 "O Buda é recebido pelo rei Bimbisara", *idem.*

CAPÍTULO IV

CAPÍTULO V

mural de Phra Thinang Buddhaisawan, Bangcoc.

102-103 "A água miraculosamente clareada diante de Ananda", laca negra e ouro, palácio de Suan Pakkad, escola de Ratanakosin, Tailândia, princípio do século XIX.

103 "O Buda pede água a Ananda", cópia de pintura mural Phra Thinang Buddhaisawan, Bangcoc.

104a "O Repouso do Buda no caminho para Kushinagara", laca negra e ouro, palácio de Suan Pakkad, escola de Ratanakosin, Tailândia, princípio do século XIX.

104emb "O Último Sermão do Buda", laca negra e ouro, *idem.*

105 "Procissão dos Príncipes Malla", laca negra e ouro, *idem.*

106 Mahaparinirvana do Buda, detalhe de manuscrito sânscrito, período Pala, Bihar, Índia, século XII, National Museum, Nova Delhi.

106/107 Buda deitado, escultura rupestre colossal, Gal Vihara, Polonnaruwa, Sri Lanka.

108 "Pira funerária do Buda", detalhe de um *thanka* sobre "Vida do Buda", Tibete, Museu Guimet, Paris.

109a *Stupa* erigido no local da morte do Buda, Kushinagara, fotografia atual.

109emb "Monges chorando a morte do Buda", pintura mural de Wat Phumin, escola Lan Na, Tailândia, fim do século XIX.

110emb *Stupa*-relicário, madeira pintada, Tibete.

110-111 "Guerra das relíquias", baixo-relevo do *stupa* nª 1 de Sanci, Índia.

CAPÍTULO VI

112 Oferenda de flores ao Buda, Sri Lanka, fotografia.

113 Buda cercado por bodhisattvas e Vasudharas, manuscrito sânscrito, Nepal, 1184, Manuscripts and Printed Books British Library, Londres.

114 "O Último Sermão de Buda", detalhe de laca em negro e ouro, palácio de Suan Pakkad, Bangcoc, escola de Ratanakosin, Tailândia, princípio do século XIX.

115a "A Partilha das Relíquias", pintura mural de Wat Dusidaram, Thonburi, escola de Ratanakosin, metade do século XIX.

115emb "Discípulos prestam homenagem à urna contendo o corpo do Buda", pintura mural de Wat Thong Thammachat, Tailândia.

116e Grupo de monges, pintura mural de Wat Ratchasittharam, Tailândia.

116d *A Perfeição de Sabedoria*, manuscrito sânscrito proveniente do monastério de Vikrama Çila Bihar, Índia, aprox. 1145. Dept. of Oriental Manuscripts and Printed Books, British Library, Londres.

117a "Mahakashyapa, discípulo de Buda", pintura mural de Qizil, Ásia Central, aprox. 600-650, Museu de Berlim.

117emb Paisagem de Rajagriha, fotografia.

118a Manuscrito sânscrito de Dunhuang, escrita Gupta, século V-VI, Dept. of Oriental Manuscripts and Printed Books, British Library, Londres.

118c O 3ª concílio budista, terracota esmaltada, Birmânia, século XIX, Oriental Antiquities, British Museum, Londres.

118emb *História de Pce Vessantara*, manuscrito, Tailândia, princípio século XIX, Dept. of Oriental Manuscripts and Printed Books, British Library, Londres.

119 Pilar esculpido com símbolos búdicos, *stupa* I de Sanci, Índia.

120e Roda do Dharma, detalhe de relevo do *stupa* de Amaravati, Museu de Madras.

120d Impressão do pé do Buda, escultura, Angkor Vat, Camboja, século XV.

121a O Monarca Universal e os tesouros do Cackavartin, relevo de *stupa*, Amaravati.

121emb Mulher indiana venerando os pés do Buda, fotografia.

122a *Stupa* de Bodhnath, Katmandu, Nepal, fotografia.

122emb Chorten em Lamayuru, Ladakh, fotografa.

123a *Stupa* em Sukhothai, Tailândia, fotografia.

123emb Dagoba de Ruvanveliseya, Anuradhapura, Sri Lanka, fotografia.

124 Portal esculpido do *stupa* de Sanci, fotografia.

125e Peregrino chinês carregado de manuscritos, pintura sobre papel, Duhhuang, China, século VII, Museu Guimet, Paris.

125d Pilar erigido por Asoka, aprox. 242 a.C. Archeological Museum, Sarnath.

126-127 Wat Phra Si Sanphet, monastério de Aiuthia, Tailândia, século XV-XVI.

127 Amida, escultura em madeira dourada, Japão, período Muromachi, final do século XV, Museu Guimet, Paris.

128 Wat Mahathat, Sukhothai, Tailândia, fotografia.

TESTEMUNHOS E DOCUMENTOS

129 Monges budistas no Vietnã, fotografia de René Borri.

130 Dharmacakra, bronze, sul da Índia, século III.

131 Primeiro Sermão do Buda, escultura em pedra, Sarnath, estilo Gupta, Índia, século V. aprox., Archeological Museum, Sarnath.

134/135 "O Buda e seus discípulos", pintura coreana.

136 *Vinaya-pitaka*, detalhe do manuscrito em escrita Gupta, proveniente de Kucha, China, séculos V ou VI.

137 *Mahakapi Jataka*, medalhão de Bharhut, Índia, século II, Indian Museum, Calcutá.

138 Representação da rainha Maya, escultura em bronze dourado, século XVIII, Museu Guimet, Paris.

ÍNDICE REMISSIVO

A

B

C

CRÉDITOS FOTOGRÁFICOS

Martine Aepli, 167. Artephot 41a Artephot/Babey 26, 33, 78/79a, 78/79emb. Artephot/ Lavaud 32emb. Artephot/Mandel 46, 142. Artephot/Nimatallah 28, 36/37, 87, 92, 97emb, 100. Artephot/Percheron 144, Artephot/Roland 39a, 125d, 131. J. Boisselier 95d. British Library, Londres 24, 25e, 51emb, 113, 116d, 118a, 118emb, 136, 154. British Museum, Londres 47, 74, 75emb, 80, 118c. D.R. capa 1/9, 44, 50, 52, 55a, 55emb, 56emb, 57, 71, 81a, 84e, 85, 86/87, 90, 102, 103, 115emb, 116e, 151, 153, 158, 164, 168, 171. Dagli-Orti, Paris. Edimedia 78e, 110emb, 117a. Explorer/A. Thomas 124. Explorer/Geopress 69, 106/107, 123emb. Explorer/Jean-Louis Non 83a, 88. Explorer/Jean-Paul Nacivet 36. Explorer/Krafft 27. Explorer/Ph. Roy 128. Explorer/Tovy Adina 123a, 126/127. Explorer/Weisbecker 122a. Fondation Alexandra David-Neel, Digne 177 M.G. 84d, 95e, 109emb, 119. Giraudon 49a, 72, 120d. Giraudon/Bonora 16a, 77. Giraudon/CBO 14, 15a, 15emb, 76, 149. Giraudon/Invernizzi dos, 30a, 51, 53, 58, 59, 70emb, 93, 94, 148. Giraudon/Lauros 19a. Marcel Giuglaris 161. Hanz Hinz, Bâle 12, 22/23, 34, 34/35, 89, 102/103, 104a, 104emb, 105, 114, 115a, 150. Magnum/Bruno Barbey 165. Magnum/Martine Franck 178. Magnum/Raghu Rai 162, 169. Magnum/René Burri 129. Magnum/René Burri 166. Jean-Louis Nou 4ª capa, 11, 29d, 39emb, 45emb, 56a, 61a, 61emb, 68a, 68emb, 69, 70a, 82, 86, 98, 99, 106, 109a, 110/111, 112, 117emb, 121a, 121emb, 137, 146/147. Ministério da Informação, governo da Índia 130. Rapho/Michaud 13, 14/15, 16emb, 17, 19emb, 20a, 20emb, 21, 38/39, 41emb, 54, 72/73, 97a, 120e, 122emb, 134/135. Réunion des Musées nationaux, Paris 18e, 18d, 25, 29e, 30/31, 42/43, 45a, 48, 49emb, 58/59, 83emb, 91, 96, 101, 108, 125e, 127, 138/139. Roger-Viollet, Paris 157. Sipa Press/EFE 179. Sipa Press/Guadrini 172. Sipa Press/Trippett 174, 175.

AGRADECIMENTOS

O autor e as edições Gallimard agradecem a Madeleine Giteau, Madame Jean-Louis Nou e Nathalie Hay pela ajuda que lhes prestaram para a realização desta obra.

Índice das matérias